한
번

문화의 길 012
기예는 간데없고 욕정의 흔적만이
권번

ⓒ 이영태 2015

초판 1쇄 인쇄 2015년 12월 15일   초판 1쇄 발행 2015년 12월 22일
지은이 이영태 **펴낸이** 이기섭 **기획** (재)인천문화재단 **편집** 최광렬 **마케팅** 조재성 정윤성 한성진 정영은 박신영
경영지원 김미란 장혜정 **디자인** 오필민 디자인 **펴낸곳** 한겨레출판(주) **등록** 2006년 1월 4일 제313-2006-00003호
주소 121-750 서울시 마포구 공덕동 116-25 한겨레신문사 4층 **전화** 02)6383-1602~3 **팩스** 02)6383-1610
홈페이지 www.hanibook.co.kr **이메일** ckr@hanibook.co.kr

값은 뒤표지에 있습니다. 파본이나 잘못된 책은 서점에서 바꾸어 드립니다.

ISBN 978-89-8431-931-8 04080

문화의 길
총서
12

기예는
간데없고
옥정의
흔적만이

권
번

글·사진 이영태

한겨레출판

일러두기

- 저자 제공본 외에 이 책에 사용된 사진은 그 출처를 밝혔습니다. 저작권은 해당 출처에 있습니다.
- 단행본과 학술지는 『 』, 단편소설·시와 논문은 「 」, 신문과 잡지는 《 》, 신문·잡지 기사와 노래·영화는 〈 〉로 표기하였습니다.
- 본문 중의 인용문은 일부를 빼고는 모두 현대 국어 표기법에 맞게 표현을 수정하였습니다.

용동(龍洞)을 배회하던
무심한 청춘에게

곡물을 재배하면서부터 술을 만들어 먹었
다. '술 주(酒)'는 '물 수(水)'와 '술항아리 유(酉)'의 결합이다. 갑골문
(甲骨文)에서도 항아리 안에 곡물을 발효시킨 술이 찰랑이는 모습이
다. 식량인 곡물을 이용해서 만들었기에 술을 소중하게 다루었다. 부
족들이 제사를 지내거나 축제를 즐기는 데 술이 빠지지 않았다.

술집이 등장하면서 술을 매개로 하는 신성함과 즐거움의 비중이 달
라지기 시작했다. 신성함은 퇴색하고 즐거움이 부각되었는데, 이때 후
자를 더욱 강화하기 위해 등장한 것이 기생(妓生)이었다. 기생은 잔치
나 술자리에서 가무악(歌舞樂)으로 흥(興)을 돋우는 일을 하는 사람이
다. 그들은 주로 타인의 즐거움을 위해 가무악을 구사하는 여자들이
다. 잔치나 술자리의 흥이 가무악을 통해 고조되기에, 기생들의 행위
는 '놀다(戲)'의 의미에 포괄된다. 기생이 잔치나 술자리에 나가는 것

을 흔히 "놀음 나간다"고 표현하는 것도 이와 관련이 있다.

전통 시기에 기생은 예인(藝人)이었다. 가혹한 수련 과정을 겪고 난후, 비로소 새로운 세계에 들어왔다는 의미로 기명(妓名)을 사용하며 활동할 수 있었다. 비록 타인을 위한 예능이었지만, 그것은 해당 분야의 전문가라 칭할 만한 것이었다. 가무악을 비롯해 시서화(詩書畫)에 능했던 기생들에게서 이런 면을 확인할 수 있다.

하지만 대한제국 시기에 이르러 전문 예인들은 일본식 창기(娼妓)로 취급받아야 했다. 1908년 이른바 '기생 단속령'과 '창기 단속령'이 공포되자 전문 예인들은 조합이나 권번의 소속이 아니면 어떠한 예능도 구사할 수 없는 처지에 놓였다. 전문 예인이든 창기든 '권번(券番)'을 매개로 활동할 수밖에 없었다.

권번은 기생의 교육기관이자 활동조합이었다. 권번은 기생들에게 교육, 관변, 사회참여, 공연 예술, 접대부 소개 등의 역할을 했다. 인천의 용동권번도 여타의 권번과 마찬가지로 그런 역할을 하던 기생조합이었다. 용동권번 소속의 기생들은 일제와 미군정, 그리고 군사정권의 정책에 따라 활동 지역을 확장하고 영업 방식을 바꾸어 나갔다. 이것이 인천 용동권번에서 시작된 인천 화류계의 역사였다.

화평동에서 태어나 이제껏 인천을 떠나 생활한 적이 없는 필자에게 용동권번 주변은 유년기와 청년기를 보낸 공간이었다. 막걸릿집과 맥줏집, 나이트클럽과 바(bar), 극장과 해장국집 등은 인천의 젊은이들을 불러 모으기에 충분히 밀집해 있었다. 주머니 사정에 따라 카네기, 로젠켈러, 마음과 마음, 고모집, 이모집 등을 출입할 수 있었다. 영어 간판이 붙은 곳에서는 어두운 조명 아래로 흐르는 팝송을 들으며 맥주를 마실 수 있었고, 한글 간판의 술집에서는 참치구이와 찌개 냄비를 사이에 두고 목청껏 이야기를 나눌 수 있었다. 물론 사람들이 붐비는 대폿집에서 뒷자리 사람과 등을 서로 기대고 취기를 달랠 때도 많았다.

생각해 보니, 그때 필자가 경험했던 용동의 풍경은 용동권번과 밀접한 관련이 있었다. 권번의 기생들이 공연을 했던 축항사는 애관극장의 전신이었고, 영어 간판의 술집은 형편이 좋은 사람들이 출입하던 곳,

대폿집은 그렇지 못한 이들이 간단하게 음주할 수 있는 공간이었다. 그리고 술꾼들은 여기저기 있는 해장국집에서 얼얼한 속을 풀 수 있었다. 그렇듯 오락과 음주, 속풀이를 지근거리에서 할 수 있는 공간이 용동이었다.

　책을 묶으면서 용동권번 계단을 찾아갔다. 용동이 필자의 청년기와 인연이 깊었지만 '용동권번'이라고 음각된 계단을 직접 보고 촬영한 것은 이번이 처음이었다. 모텔 입구를 가로지르는 돌계단은 대부분 콘크리트를 뒤집어쓴 상태이지만, 지난날 용동권번을 향하던 길목이란 점을 알리는 데 부족함이 없었다. 계단에 서서 시선을 아래쪽으로 돌리자 용동큰우물을 중심으로 여기저기 기웃거리며 몰려다니는 청춘들이 보였다. 장난을 치며 용동길을 걷는 무리들 중에 필자도 섞여 있었다. 그들에게 공간의 연원은 중요하지 않았다. 당구장에서 나와 좀 더 싸고 맛있는 맥줏집과 막걸릿집을 찾는 데 관심을 둘 뿐이었다. 주변에 용동권번이 있었으며 그 흔적이 돌계단으로 남아 있다는 사실조차 모르는 채 용동을 배회하는 무심한 청춘들이었다.

　이 책은 용동권번을 대상으로 하고 있다. 하지만 용동권번의 설립 시기, 입학금, 교과목, 교육행정 등을 정확히 입증하는 자료가 없기에, 신문 기사를 위주로 하되 여타 지역의 권번의 경우를 참고하여 기본 얼개를 갖추어 놓았다. 용동권번의 생성과 역할, 그리고 변개의 과정을 일별할 수 있는 계기가 되었으면 한다. 특히 「행적을 알 수 있는 용동권번 출신 기생들」 항목은 천시당하는 기생이되 특정 분야에서 두드러진 활동을 했던 기생 여덟 명에 관한 서술들이다. 그중에는 영화배우, 가수, 의기(義妓) 등이 있는데, 이들은 일반인은 물론 일반 기생들과도 변별되는 특징을 지니고 있었다. 정보통신의 기술에 기대어 과거의 영화를 다시 보거나 노래를 다시 들을 수 있기에, 용동권번 출신의 배우나 가수를 이해하는 데 도움이 될 것이다.

2015년 11월 인천개항장연구소에서

이영태

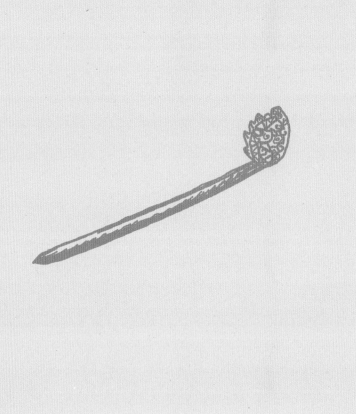

기생이란

기생의 독특한 풍속은

기명(妓名), 모권적 관습, 기부(妓夫)를 통해 알 수 있다.

무엇보다 그들의 풍속은 태생적으로 타인의 시선을

의식하지 않고서는 존재할 수 없는

비지족적인 처지와 밀접할 수밖에 없다.

기생의
유래

　　기생(妓生)은 잔치나 술자리에서 '가무악(歌舞樂)'으로 흥(興)을 돋우는 일을 직업으로 삼은 여자이다. 그들은 타인의 즐거움을 위해 가무악을 구사하는 자들이다. 잔치나 술자리의 흥은 가무악을 통해 고조되기 마련인데, 그것은 '놀다(戲)'의 의미에 포괄된다. 기생이 잔치나 술자리에 나가는 것을 "놀음 나간다"고 표현하는 것도 그와 관련이 있다.

　　'기(妓)'라는 글자가 '흥'과 밀접한 만큼 그 뜻풀이는 '악(樂)'에서 찾아야 한다. 흔히 '기생이나 여자 광대'를 가리키는 '창(倡)'의 풀이는 "樂也"(『설문해자』)이다. 여자 광대 창(倡)은 '광대 배(俳)'와 통하고 배(俳)는 '놀다(戲也)'를 뜻한다(『설문해자』). 결국 기생은 악(樂), 배(俳), 희(戲)의 의미를 교직하고 있는 여자라 규정할 수 있다.

　　그런데 악(樂), 배(俳), 희(戲)의 의미가 교직되는 곳에 무녀(巫女)의 기원이 자리 잡고 있다. 무녀가 춤을 추면서 강신(降神, 以舞降神)하거

나 제주(祭主)로서 찬하는 사람(祝祭主贊辭者, 『설문해자』)이기에 그렇
다. 무녀와 기생의 관계는 다음과 같은 논의에 기대어 이해할 수 있다.

무녀가 여신 그 자체로부터 제정 분리의 추세에 따라 우선 남무(男
巫)인 격(覡)이 토착화하여 존장을 겸하고, 다시 이 격(覡)이 왕권으
로 신장함에 따라 무녀는 가무희자(歌舞戲子)로 저락(低落)•

모권에서 부권으로의 변화는 고대 산신(山神)의 이름을 통해서도 짐
작할 수 있다. 예컨대 "고대 민족 신앙상의 신은 대부분 여성이다. 이
것은 원시사회에 있어 모권이 강하였던 것, 또 원시종교상의 주제자가
여성무(女性巫)이었던 것에 기인"• 한다는 지적이 그것이다.
　　그리고 기생 발생론에서 빠질 수 없는 것은 전쟁부로(戰爭俘虜) 중에
서 부녀자가 노비로 전락하는 경우이다. 이것은 황산벌에서 신라와 전
투하기에 앞서 "내 처자가 노비가 되어 살아서 욕을 보는 것보다 차라
리 쾌히 죽는 것만 같지 않다"• 하여 처자를 살해한 계백이나 백제가
멸망하자 낙화암에서 떨어져 죽은 궁녀들의 예를 통해서도 익히 짐작
할 수 있다.
　　기생의 기원이 무녀의 분화 과정과 전쟁부로(戰爭俘虜)와 밀접하기
에 기생의 유형에서 먼저 언급할 것은 관기(官妓)이다. 관기는 국가기

● 김용숙, 「한국 여속사」, 『한국 문화사 대계』 IV, 고려대민족문화연구소, 1970, 553~554면.
● 손진태, 「조선 고대 산신의 성에 취하여」, 『손진태 선생 전집』 2, 태학사, 1981, 275면.
● 『삼국사기』 권47 열전7 「계백」, 恐吾妻孥沒爲奴婢 與其生辱 不如死快.

관에 소속된 기생으로서 궁중 연회에 참가하던 교방기(敎坊妓)와 지방 관아에 있던 지방기(地方妓)로 나눌 수 있다. 한편 관(官)에 매이지 않고 자유롭게 영업할 수 있던 사기(私妓)와 개인이 소유하고 있던 가기(家妓), 그리고 궁중에서 왕실의 소용에 따라 활동하던 어린 사내아이인 동기(童妓)가 있었다.

기생의
풍속

　　기생의 독특한 풍속은 기명(妓名), 모권적 관습, 기부(妓夫)를 통해 알 수 있다. 무엇보다 그들의 풍속은 태생적으로 타인의 시선을 의식하지 않고서는 존재할 수 없는 비자족적인 처지와 밀접할 수밖에 없다.

　　먼저 기명과 관련하여 시대별로 보면 고려 시대에 영롱(玲瓏), 알운(遏雲), 월아(月娥), 옥섬섬(玉纖纖), 매화(梅花), 어류환(御留歡), 자운선(紫雲仙), 적선래(謫仙來), 칠점선(七點仙), 동인홍(動人紅) 등이 있었다. 조선 시대에는 황진이(黃眞伊), 홍랑(洪娘), 매창(梅窓), 매화(梅花), 진옥(眞玉), 소춘풍(笑春風), 계섬(桂蟾) 등이 있었다. 기명(妓名)을 사용한 것은 기생이 새로운 세계로 진입했음을 자각한다는 의미를 지녔다. 하지만 그보다는 타인에게 자신을 알리고, 혹시 잔치나 술자리에서 같은 성씨(姓氏)를 만나 기생 노릇을 방해받는 일을 피한다는 의미가 더 컸다.

기생들은 가무악(歌舞樂)을 교육받는 것은 물론, 생활 전반에 대하여 행수의 간섭을 받아야 했다. 조선 시대 기생의 경우 "행수기생의 엄한 제재"를 받았고 경우에 따라 "가혹한 태장(笞杖)을 맞아 가며 훈련을 쌓"아야만 했다. 특정 기생이 잘못했을 경우 "수기(首妓)가 곤장 수십 대를 맞아야" 할 정도로 행수는 기생들을 가혹하게 통제할 수밖에 없었다. 특히 행수와 기생의 관계에서 주목되는 것은 "모권적인 관습"인데, 중국의 경우도 우리와 비슷했다.

> 기생의 어머니는 대부분 가모(假母)이다. …… 가령(歌伶)을 처음 가르칠 때부터 꾸짖고 그 요구가 매우 급하였으니, 조금이라도 빼고 게으르면 채찍으로 때렸다. 모두 가모의 성(姓)을 따랐다.(『북리지』「海論三曲中事」, 妓之母多假母也 …… 初敎之歌伶而責之 其賦甚急 微涉 退怠 則鞭朴備至 皆冒假母姓.)

은퇴한 기생 '가모'가 가무를 가르쳤는데 그 가혹함으로 인해 "폭탄(爆炭)"이나 "노폭자(老爆子)"로 불렸다고 한다. 기생들은 가모의 성(姓)을 따랐기에 그들 모두 형식적이지만 자매(姉妹) 관계에 있어야 했다. 가모가 그들의 생활 전반에 관여하는 점이 조선 시대 행수와 기

● 김동욱, 「이조 기녀사 서설─사대부와 기녀─」, 『아세아여성연구』 제5집, 숙명여자대학교, 1966, 79면.
● 『성소부부고』 권18 문무15 기행 상 「조관기행」, 余逐之而棍首妓數十.
● 김동욱, 앞의 글, 79면.
● 상병화, 『역대사회풍속사물고』, 호남성: 악록서사출판, 1991, 436면.

생의 관계를 방불케 한다. 물론 가모라는 명칭은 송대(宋代)에 이르러 '행수(行首)'로 바뀌는데, 조선 시대 '행수기생'이 이에 해당하는 것도 우연은 아니다.

조선 시대 기생은 사치와 생계를 도모하기 위해 "군사·상고·아전 등 풍요한 기부를 잡"아야 했는데, 기부(妓夫)는 대체로 기생과 "친등한 하천 계급" 출신이었다고 한다. 사치가 허용된 노예이되 그 생활수준을 유지하도록 "돌봐 주는 자"가 주변에 있었는데 그가 기부라는 것이다.

> 여기(女妓)는 공물(公物)이지만 기부(妓夫)들이 숨기고 드러내놓지 않으므로 이미 합번(合番)하게 하였거늘, 법이 세워진 지 얼마 안되어 예조가 분번(分番)하여 음악 익히기를 아뢰었음은 매우 옳지 않다.(『연산군일기』 10년 6월 24일. 女妓公物而妓夫等匿不現出 故已令合番 法立未久 禮曹啓分番習樂 甚不可.)

연산군 시기의 기록인데 세종, 성종, 순조의 기록에서도 '기부'의 존재를 확인할 수 있다. 기부는 기생을 숨기기도 하고, 고을 목사가 기생을 간통하는 경우 그를 '고소'하기도 했다. 기부가 기생을 숨기거나

● 김동욱, 앞의 글, 79면.
● 상병화, 앞의 책, 91면.
● 『여유당전서』 5집 권19 목민심서 이전육조 「어중」. 妓生雖貧皆有憐者不足恤也.
● 『세종실록』 12년 5월 21일. 今興俊專等俱以妓夫 同惡相濟 先發牧使奸妓之言.

목사를 고소한 일을 통해 보건대 그들은 대체로 한량적 인사들이다. 국가에서는 '기부안(妓夫案)'을 작성하여 기생과 기부를 동시에 관리하였다.(『연산군일기』 10년 5월 6일) 그런데 한 기생이 꼭 한 기부만 두어야 한다는 제한이 있는 것은 아니었다. 예컨대 "창기는 본디 사족(士族)의 부녀와는 다르니, 그 서방을 물어보면 아무리 많더라도 다 열거하여 고백하는 것이 기생에게 크게 통하는 일"이라며 "기부(妓夫)가 많음이 괴이할 것이 없다"˙는 진술은 일기일부(一妓一夫)의 관계가 아니라 일기다부(一妓多夫)의 관계를 가리키고 있는 것이다.

지금까지 기생의 독특한 풍속을 기명(妓名), 모권적 관습, 기부(妓夫)에서 찾아보았다. 이런 특징은 권번 시기의 기생들에서도 부분적으로 발견할 수 있다.

먼저, 기명(妓名)은 기생 자신이 새로운 세계에 접어든 것을 인지하는 계기이자 상대해야 할 사람들에게 자신을 알리는 기능을 했다. 『조선미인보감』의 인천조합 소속 기생 김홍매(金紅梅)와 조점홍(趙点紅), 용동권번 출신의 가수 장일타홍(張一朶紅), 일본 기생보다도 일본 소리를 잘했다는 인천 기생 이화중선(李花中仙), 용동권번 기생으로 권번장을 맡았던 오향선(吳香仙) 등의 기명이 이에 해당한다.

모권적 관습은 생모와 무관하게 어린 기생을 훈련시키고 후원해 주었던 늙은 기생과 관계가 있다. 기생과 관련하여 "나이 20이면 환갑이 되어 시세가 글렀다"는 속담이 있듯이(《매일신보》 1914. 3. 1.), 한정된

● 『연산군일기』 11년 1월 13일. 娼妓固非士族婦女類也 若問其夫則雖多 當列數盡白 其於妓大通之事 … 則妓夫之多無怪矣.

시간 동안만 기생 노릇을 할 수 있었던 만큼 기생은 가혹한 훈련을 감당해야 했다. 이런 훈련에 직간접으로 관여했던 이들이 기생들의 회고록에는 수양어머니로 나타나기도 한다.

기부(妓夫)는 기생의 서방인데, 혼인에 의한 배우자가 아니라 기생이 활동할 수 있도록 매니저 역할을 대신해 주는 남자를 가리킨다. 기생의 기예와 섹슈얼리티를 공급하는 매개자에 머물지 않고 숙식 해결을 비롯하여 가무를 가르치는 선생 역할까지 하는 경우도 있었다.

> 인천항거(仁川港居) 기부(妓夫) 송경춘 씨가 기녀 산호주(珊瑚珠)로 다년동거(多年同居)하더니 항거(港居) 김기연, 이성국, 장도순 3인이 해당 기생을 유인 상경(上京)하여 엄치불현(掩置不現)하는 고(故)로 송경춘 씨가 작일(昨日) 내무경무국에 호소하였다더라.(《대한매일신보》1908. 1. 5.)

인천항에서 기생 노릇을 하던 산호주(珊瑚珠)가 사라지자 그녀의 기부 송경춘이 경찰서에 가서 신고했다는 기사이다. 기생 산호주의 기예와 섹슈얼리티를 매개했던 기부 송경춘에게 기생이 사라진 일은 모든 것을 잃는 것과 마찬가지였을 터이다. 기생 산호주와 기부 송경춘이 일대일 관계였는지 아니면 일대다 관계 중 하나였는지는 알 수 없다. 《매일신보》의 〈예단 일백 인〉 기사에서 기생 화홍의 기부는 다방골에 사는 이경백인데(《매일신보》1914. 1. 31.), 며칠 뒤 기사에서 같은 이경백이 기생 오금향의 기부로 나타나기도 한다(《매일신보》1914. 2.

14.). 이로 미루어, 기생과 기부의 관계가 일대일이 아니었음을 짐작할 수 있다.

명기(名妓)의
요건

       가무악을 능란하게 구사하며 미색을 갖춘 기생을 명기라고 생각하기 쉽다. 하지만 명기에게 가무악 능력은 부차적이었다. 다음은 "기녀 역사의 반마(妓史之班馬也)"●로 평가받고 있는 『북리지(北里志)』의 일부인데, 명기의 조건을 이해하는 데 참고할 만하다.

   여러 기녀 가운데 대부분이 자신의 생각을 토로할 줄 알았으며, 책에 나오는 말들을 알고 있는 자도 있었다. 공경 이하 모두는 그들을 표덕(表德, 字나 號)으로써 불렀다. 그 품류를 분별하고 인물을 품평하여 손님에 맞추어 응대한 것 등은 진실로 미칠 수 없는 부분이다.(『북리지』「序」. 其中諸妓 多能談吐 頗有知書言話者 自公卿以降 皆以表德呼之 其分別品流 衡尺人物 應對非次 良不可及.)

● 상병화, 앞의 책, 435면.

품류의 분별(分別品流)은 잔치나 술자리의 성격과 분위기를 파악하는 것이고, 인물의 품평(衡尺人物)은 손님의 성향 등을 간파하는 일이다. 이러한 것에 능숙한 자는 "손님에 맞추어 응대한 것 등은 진실로 미칠 수 없"다는 표현처럼 흔하지 않다. '비단을 달라는 자에게 비단을 주어야 하듯'이 명기는 분별품류(分別品流)와 형척인물(衡尺人物)이라는 소양을 통해 잔치 및 술자리의 흥을 고조시킬 줄 아는 기생이었다.

일반인들의 생각과 달리 "기녀에게 미색은 부차적인 것(妓女以色爲副品)"[•]이라 한다. 실제로 『북리지』의 기록에 따르면 남자들이 기녀들에게서 가장 중시했던 것은 '회해언담(諧諧言談, 해학과 말주변)'이었고, 그다음이 음률(音律)이나 주거음식(居住飲食)의 순서였다. 단순히 말하는 꽃이 아니라 분별품류와 형척인물을 바탕으로 하는 해학과 말주변을 지녀야 진짜 해어화(解語花), 명기(名妓)라 할 수 있었던 것이다.

『북리지』에서 언급한 명기의 기준은 권번 시기의 기생에게도 그대로 적용된다.

우선 기생이 되려면 영리하고 똑똑해야 했다. 특히 점잖은 양반들의 말뜻을 재빨리 재치 있게 알아야 했고, 거기에 꼭 합당한 대답을 우아하게 내놓아야 명기라 할 수 있었다. …… 연석에 들어가자마자 눈치를 곤두세우고 좌석에 계신 분들이 누구누구며 이날의 주빈과 주최자가 누군지를 눈치껏 알아내야 하는 것이었다.[•]

● 왕서노, 『중국창기사』, 상해: 신화서점, 1988, 76면.
● 이난향, 「명월관」, 『남기고 싶은 이야기들』, 중앙일보동양방송, 1977, 584면.

평양 출신의 기생으로 조선권번의 취체역(取締役, 교장)을 맡았던 이난향(李蘭香, 1900~1979)의 회고담에서도 기생에게 분별품류와 형적인물의 소양이 중요하다는 것을 알 수 있다. 기생은 상대방의 "말뜻을 재빨리 재치 있게 알아야" 하며, "합당한 대답을 우아하게 내놓아야 명기"일 수 있었다. 즉 분별품류와 형적인물의 소양을 바탕으로 하는 회해언담이 있어야 '말하는 꽃 해어화'일 수 있었던 것이다.

권번의 성립과
용동권번

권번에서는 예의범절을 '행신'이라는 이름으로 가르쳤다.

행신은 그 권번 안에서도 관록이 붙은 나이가 지긋한

기녀가 가르쳤다. 이런 기녀를 행수 기녀라고도 하고

그냥 행수라고도 한다. 행수 기녀는 동기들을 모아 놓고

회초리로 때려 가며 행신을 가르쳤다.

걸음 걷는 법, 앉는 법, 시선 두는 법, 절하는 법 따위로,

손님 앞에서 모든 행동 하나하나를 가르쳤다.

권번 성립 이전의 주루(酒樓) 풍경

　　요코세 후미오(橫瀨文彦)는 『인천잡시(仁川雜詩)』 (1893)를 남겼다. 1892년 4월부터 1893년 3월까지 인천 전환국에 머문 작자는 인천 관련 소재 42개를 7언 한시(漢詩)의 형태로 읊었다. 마쓰모토(松本正純)가 책의 서문에 "이것은 인천지지(仁川地誌)로 유람을 다니지 못한 사람들에게 좋은 자료가 되니, 어찌 출판하지 않을 수 있겠는가"라고 밝혔듯이, 일본인의 시각에 의해 작성된 인천지지(仁川地誌)라 칭할 만한 자료이다. 게다가 각각의 한시에 마쓰모토가 단평(短評)을 부기해 놓았기에, 이를 통해 인천 관련 소재에 대한 일본인들의 시선을 이해할 수 있다.

　　특히 작자가 일본 주루(酒樓)와 청국 주루를 방문하고 난 후 그에 대한 소회를 기록한 한시를 통해서는 권번 성립 이전의 '주루' 풍경을 읽어 낼 수 있다.

公園酒樓[有二 曰明月 曰水明]

공원 주루[두 개가 있는데 명월과 수월이다.]

低歌淺酌畵欄前(저가천작화란전)

화려한 난간 앞에서 노래 낮게 부르며 술 조금 마시니

萬頃平波渺似煙(만경평파묘사연)

만경의 잔잔한 파도 아득하여 연기와 같네

明月樓宜明月夜(명월루의명월야)

명월루(明月樓)는 밝은 달밤일 때 제멋인데

玉簫何處骨將仙(옥소하처골장선)

어디선가 들려오는 피리 소리에 신선이 된 듯하네

同日 一讀有羽化登僊之想

또 말하길, 한 번 읽음에 날개를 달고 신선이 된 느낌이 있다.

誰是公園占斷春(수시공원점단춘)

무엇이 공원의 짧은 봄을 차지하는가

水明明月近相隣(수명명월근상린)

수명(水明)과 명월(明月)이 이웃해 있네

粉香鬢影何樓好(분향빈영하루호)

분 향기 미인 그림자 어느 곳이 좋은가

惱殺多情多恨人(뇌살다정다한인)

괴롭되 정도 많고 한도 많은 사람이라네

同日 兩樓相隣 爲一個小楊州 恨無腰十萬貫也
또 말하길, 두 주루는 이웃해 있어서 하나의 작은 양주(楊州)가 된
다. 허리에 십만 관(十萬貫)이 없음을 한스러워한다.

제목이 '공원 주루'인데 여기서 공원은 지금의 인천여자상업학교 일
대에 조성된 일본인공원을 가리킨다. 공원 안에는 수명루(水明樓)와
명월루(明月樓)가 나란히 있었다. "술"과 "화려한 난간" 그리고 "피리
소리"와 "분 향기 미인 그림자"를 운운하는 것으로 보아 그곳에는 예
기(藝妓)들이 활동하고 있었다.

명월루에서 밝은 달을 조망하는 일이 "제멋"이라 한다. 시선을 해안
가 쪽으로 돌리자 밀려든 파도의 포말이 달빛에 의해 선명하게 보였
다. 술기운 탓인지 파도의 포말이 선계(仙界)에 있을 만한 "연기(似煙)"
로 보였다. 이윽고 주루의 피리 소리가 주변을 휘감아 돌자 작자는 자
신을 신선으로 여길 만했다고 한다.

명월루와 나란히 섰던 수명루는 당시 조선신보사 기자였던 아오야
마(靑山好惠)가 『인천사정』에서 "제물포의 빼어난 풍경은 일본공원에
있고 일본공원의 기묘함은 수명루에 모였다"고 지적할 정도로 경관이
뛰어나고 예기들의 수준도 높았던 주루였다. 「공원주루」에 대한 마쓰
모토(松本正純)의 단평에 "날개를 달고 신선이 된 느낌"과 "십만 관(十
萬貫)"이 나오는 것으로 보아 예기들의 봉사를 받으려면 상당한 돈을

지불해야 했다. 단순히 음주에만 한정된 게 아니라 예기들의 기예를 감상해야 했기에 평범한 사람은 엄두도 낼 수 없는 액수였다. 참고로, 당시 요리점에서 한 사람당 요릿값이 1엔 20전이었는데, 이는 일본인 목수들의 하루 일당과 맞먹을 정도로 부담이 큰 액수였다. 예기가 있는 주루였으니 요리점보다 비용이 훨씬 더 들었다.

靑樓청루

樓樓絲竹寂無聲(누루사죽적무성)
누각마다 악기 소리 끊겨 고요한데
炙冷杯殘欲五更(자냉배잔욕오경)
구운 고기는 식었고 잔만 남겨져 오경(五更)에 이르렀네
鬢影映簾時有語(빈영영렴시유어)
그림자 주렴에 비치고 때마침 말소리 들려오니
鴛鴦相約向京城(원앙상약향경성)
원앙은 경성에 함께 갈 것을 서로 약속하네

同曰 聞頃仁川第一佳人 爲某生所購 至京城 不知詩中所言得乃無非此乎
또 말하길, 근자에 인천의 제일 가인(佳人)이 어떤 사람에게 팔려 경성으로 갔다는 소문을 들었다. 시에서 말한 것을 정확히 알 수는 없지만 이 일을 말한 것이 아니겠는가.

絃歌聲湧興方闌(현가성용흥방란)

거문고 노랫소리 드높고 흥이 한창 무르익자

妖紅艶黛紛一團(요홍염대분일단)

요염한 여인들이 어지러이 엉겨 있네

海賈時時博奇利(해가시시박기리)

바다 장사꾼들은 때때로 뜻밖의 이득을 얻어

豪遊來試肉臺盤(호유래시육대반)

호화롭게 놀면서 속물적인 연회를 벌이네

同曰 此景往往而有之

또 말하길, 이러한 광경이 왕왕 있었다.

美人樓上酒如澠(미인루상주여민)

누각의 미인에겐 술은 눈물과 같고

歌捲絃殘興彌增(가권현잔흥미증)

노래 끝나고 거문고 소리 잦아들지만 흥은 더욱 높아지네

知否街頭風捲雪(지부가두풍권설)

길거리 바람이 눈을 말아 날리는 것 아는지 모르는지

春深紅帳一枝燈(춘심홍장일지등)

무르익은 봄날 붉은 장막 속의 한 줄기 등불이어라

南樓歌舞北樓絃(남루가무북루현)

남루(南樓)의 가무 북루(北樓)의 거문고

崎艶關姝誰最妍(기염관주수최연)

기염(崎艶)과 관주(關妹) 누가 가장 예쁜가

知是多情惱人處(지시다정뇌인처)

이곳이 정이 많거나 괴로운 사람의 거처라는 것을 알겠도다

纖燈燈外有遺鈿(섬등등외유유전)

가느다란 등불 밖으로 비녀만이 남아 있네

同日 賴翁金釵觸枕鏘然鳴 未如此句字淡意濃

또 말하길, 금비녀 베개에 닿으면 옥 소리 울린다 하지만, 이 구절
처럼 담박한 뜻이 짙어지지 않는다.

　작자는 청루(靑樓)를 대상으로 네 편의 한시를 지었다. 술자리가 끝
나는 광경, 질펀한 술자리의 모습, 기생들의 괴로운 모습, 청루의 기생
이름을 소재로 한 것이 이에 해당한다. 첫 번째 한시에서는 파연(罷宴)
시간인 오경(五更, 새벽 4시) 무렵, 얼큰하게 취한 자들이 기생들에게
다음에 경성 구경을 함께 가자며 수작을 걸고 있는 모습이 그려진다.
두 번째 한시에서는 뜻밖의 이익을 얻은 장사꾼이 기생들과 질펀하게
놀고 있는 모습을 연상하게 된다. 그들이 어지럽게 엉겨서 속물적인
연회를 벌인다는 표현에서 질펀함을 넘어서는 술자리 분위기를 짐작
할 수 있다. 세 번째 한시에는 청루 소속 기생들의 애환이 나타나 있
다. 마시고 싶지 않지만 마셔야 하는 술과 부르고 싶지 않지만 불러야
하는 노래는 그들이 기생으로서 피할 수 없는 운명에 해당한다. 스스

로 즐기기 위해 음주를 하거나 노래를 부르는 게 아니라, 한바탕 부는 바람에 이리저리 떠밀려 날리는 길거리 눈(雪)의 처지와 다를 바 없었다. 여기서 청루의 기생을 의미하는 '눈'은, 다음 행에 "무르익은 봄날 (春深)"이 등장하는 것으로 보아, 꽃잎이나 꽃가루로 이해해야 할 터이다. 바람에 이리저리 날리는 꽃잎이나 꽃가루는 제철이 지나면 사라지고 눈 또한 '무르익은 봄날'에 녹아서 형체도 없이 사라진다는 점에서, 이들로써 청루의 기생을 빗댈 수 있었던 것이다. 네 번째 한시에는 청루에서 활동하던 기염(埼艶)과 관주(關姝)라는 기생이 등장한다. 겉모습은 예쁘게 치장하고 있되 그들이 있는 공간은 괴로운 사람들이 모여 있는 곳이다. 그래서 붉은 벽지로 치장한 청루 내부에 있던 기생은 작자에게 칙칙한 어둠을 겨우 밝히고 있는 등불처럼 보였던 것이다.

전반적으로 청루는 "악기 소리"와 "식은 술잔" 그리고 "요염한 여인들"과 "누각의 미인" 등으로 보아 기생들이 활동하고 있는 술집이다. 그런데 '일본 주루'의 분위기와 달리 부정적인 표현들이 등장하고 있다. "악기 소리 끊겨" 있고 "구운 고기는 식었"고 "요염한 여인들이 어지러이 엉겨" 있다고 한다. 그리고 "누각의 미인에겐 술은 눈물과 같"다고 한다. 청루에 대한 마쓰모토(松本正純)의 단평도 부정적으로 기술되어 있는데, "담박한 뜻이 짙어지지 않는다"거나 청루에 소속된 "인천의 제일 가인(佳人)이 어떤 사람에게 팔려 경성으로 갔다는 소문" 운운하는 것이 그것이다. 작자는 청루의 음식이나 기생들을 일본 주루의 경우와 달리 부정적으로 이해하고 있었다.

참고로 『인천 개항 25년사』(1907)에 따르면, 재류 일본인의 직업 중에서 예기(藝妓)가 있는 술집은 11곳이고 그에 소속된 여자는 176명이었다고 한다. 술집마다 16명의 여자가 있었던 셈인데, 기생 단속령과 창기 단속령이 공포(1908. 9.)되기 이전의 상황이니만큼 그들 전부가 예기는 아니라 하더라도 상당수가 예기 역할을 했던 것으로 짐작된다. 재류 일본인의 직업 중에서 요리점은 25곳이고 그에 소속된 여자는 110명으로, 요리점마다 4~5명의 여자가 있었다.

권번의 성립과
용동권번

권번(券番)은 일제강점기 기생조합(妓生組合)의 일본식 명칭으로, 직업적 기생을 길러 내던 교육기관이자 기생의 활동을 관리하던 조합이다. 당시의 기생은 총독부의 허가를 받아야 했기에 모든 기생들은 권번에 기적(妓籍)을 두어야만 활동할 수 있었다. 권번은 기생들이 손님에게 받은 화대(花代)를 관리했고, 기생들의 세금을 정부에 바치는 중간 역할까지 맡았다. 권번은 그 직접적인 뿌리를 대한제국(1897~1910) 말기 한성기생조합소(漢城妓生組合所) 및 한일 병탄 직후의 다동조합(茶洞組合)과 광교조합(廣橋組合)에 두고 있다.

신문 자료를 통해 인천의 경우를 살필 수 있는데, 용동의 기생집을 지칭하는 "용동 기가(妓家)"라는 표현(《매일신보》 1906. 3. 8.)과 인천 축항사에서 '용동기생조합소' 소속의 기생들이 연극 공연을 한다는 기사(《매일신보》 1912. 6. 28.)가 있다. 이후 용동의 기생들이 물산장려운동

● 『한겨레 음악 대사전』, 보고사, 2012.

에 참여했다는 기사(《조선일보》 1923. 2. 14.), 권번의 기생들이 수재의 연금을 전달했다는 기사(《시대일보》 1925. 7. 24.), 용동권번의 낙성식 축하연을 알리는 기사(《시대일보》 1925. 11. 18.) 등도 있다. 그리고 '용동예기권번'과 '용동권번'이라는 명칭이 혼용되고 있는데(《매일신보》 1926. 4. 29.~1930. 12. 5.), 기사 제목에는 '용동권번'이고 기사 내용에는 '용동예기권번'으로 나타나는바, 둘은 같은 곳을 가리킨다. 인화권번 조합장이 구인(拘引)되었다는 기사(《동아일보》 1937. 10. 30.)와 인화권번을 폐지하고 인천권번 창립총회를 개최했다는 기사(《동아일보》 1938. 2. 15.), 그리고 작년 1년간 인화권번과 인천권번에서 100명의 기생들이 웃음을 팔아 벌어들인 수입이 총액 308,000원이라는 기사 (《동아일보》 1938. 2. 24.)를 통해 보건대 1930년대 후반에는 인화권번과 인천권번이 양립했다는 것을 알 수 있다. 인화권번은 조선인 기생이 있던 곳이고 인천권번은 일본인 기생이 적을 두었던 권번이었다. 앞의 신문 기사와 관련 조합을 시간순으로 나열하면, 용동 기가(1906) → 용동기생조합소(1912) → 용동권번(1925) → 인화권번(1937) → 인천권번(1938)과 같다.

용동권번의
활동 영역

      권번은 기생의 교육기관이자 활동조합이었기에, 그들의 활동도 이와 관련지어 이해해야 한다. 권번의 활동은 교육, 관변, 사회참여, 공연 예술, 접대부 소개로 대별할 수 있다. 교육 활동은 기생 수요자들의 요구에 맞추기 위해 기예를 교육하는 것을 가리킨다. 신분적 · 성적(性的) 타자에 해당하는 기생들이 자신이 상대해야 할 사람들의 오락을 위해 성악, 악기, 춤, 서화 등을 교육받는 것이다. 관변 활동은 관(官)이 주도하는 각종 공식 행사에 기생을 동원하는 것인데, 예컨대 각종 박람회(공진회)나 관치 행사에 기생을 동원해 대중의 호기심을 끄는 행위를 말한다.

  사회참여 활동은 사회의 관심에 적극적으로 나서는 것으로 수해의 연금, 학교 설립 기금 조성 등의 활동이 이에 해당한다. 이에 관한 신

● 이경민, 『기생은 어떻게 만들어졌는가』, 사진아카이브연구소, 2005, 104~118면, 190~204면.

문 기사는 아래와 같다.

- 《조선일보》 1923. 2. 14. 용동 기생들이 물산장려운동 및 민족주의 운동에 참여
- 《시대일보》 1925. 7. 24. 용동권번에서는 부천 전반을 순회하여 이재민에게 식료품을 분배
- 《매일신보》 1926. 11. 14. 용동권번의 미거, 영화학교를 위해 의연 연주, 미거를 가상히 여긴 인천 신문계는 후원
- 《매일신보》 1926. 11. 29. 성황을 극한 인천 동정 연주회, 용동권번의 넘치는 성의, 제1일에 동정금 5백여 원
- 《중외일보》 1929. 5. 11. 빈민 구제 연주, 인천 기생들이
- 《매일신보》 1931. 11. 23. 조난 동포 위한 연예회 성황, 인천 기생의 의거
- 《동아일보》 1932. 11. 19. 공보(公普) 설립비로 소성권번 온습
- 《조선중앙일보》 1934. 8. 12. 인천권번 기생들도 의연금 모집 활동, 홍등하에서 웃음 파는 그들의 이 가상한 독행

공연 예술 활동은 관객을 대상으로 무대에서 공연하는 것으로 연주회(온습회), 찬조 출연, 연극 공연 등을 말한다. 권번에서 교육받은 것을 관객들 앞에서 시연(試演)하는 경우도 있었지만, 그보다는 권번 자체의 기금을 조성하려고 여는 경우가 많았다. "인천 용동기생조합소에서는 근일에 영업이 부실하여 오는 30일이나 혹은 그 이튿날부터

용동권번의 인천 동정(同情) 연주회 관련 신문 기사(《매일신보》 1926. 11. 29.)

인천 축항사를 빌려 연극을 한다는데, 그 연극을 하여서 보충이 될는지 몰라 공론이 분등한다더라"(《매일신보》 1912. 6. 28.)라는 기사와 "요즘 재정이 매우 곤란하여 경비가 태반 부족해 전에 없던 기생 12명으로 조직한 연예회를 오는 8월 8일부터 1주일 예정으로 매일 밤 9시부터 축항사에서 흥행하는데 매일 성황이라"(《매일신보》 1914. 9. 22.)라는 기사가 그 예이다.

인천 용동기생조합소에서 얼마간의 경비를 보태어 쓰려고 기생 12명으로 연예회를 행코자 축항사에서 1주일 동안 흥행하였다 함은 이

미 아는 바거니와 그 당시 초대장 수백 장을 만들어 각 회사와 유지 신사에게 보내었다더니 지금 당하여는 기부(妓夫)들은 그것을 은행 소절수(銀行小切手)나 혹은 약속수형(約束手形)으로 생각함이던지 요사이 한 문부를 만들어 가지고 기부 5~6명이 패를 지어 초대장 받은 자에게 대하여 구걸 겸 여러 가지 수단으로 다른 기부한 자를 빙자하고 임의 기부되어 받은 금액이 수십 원 가량이요 또한 받을 것이 수백 원 될 예산이니 그 온당치 못한 행실을 탐지한 경찰서에서는 지금 그 문부를 압수하고 조사 중이라더라.(《매일신보》1914. 10. 6.)

앞의 기사의 부제는 '인천 기생 연주회 뒤끝'이다. 기생 연예회가 성황리에 끝났지만 출연했던 기녀들의 기부(妓夫)들이 장부를 만들어서 초대장을 받은 자들에게서 약속어음을 받듯이 돈을 각출하였기에 경찰서에서 이를 조사 중이라는 내용이다. 기생들의 공연 활동을 알리는

│ 기생 연주회 관련 금품 수수 의혹을 다룬 신문 기사(《매일신보》1914. 10. 6.)

초대장을 회사나 유지 신사들에게 보냈다는 것으로 보아, 초대장을 받은 자들은 기생 연예회의 관객이면서 용동권번에 '얼마간의 경비를 보태'어 주던 단체나 개인들에 해당한다. 물론 이들은 요리점에서 기생들의 놀음을 요구하는 큰 소비자들이기도 하다.

접대부 소개 활동은 요릿집에 기생을 소개시켜 주고 그들이 받는 화대에서 일정액을 떼는 것을 가리킨다. 여기서 화대는 기생이 손님에게 서비스하고 받는 일당이다. 화대는 1시간에 1원 50전이었는데, 그것을 기생이 직접 받아서 챙기는 게 아니라 요릿집에서 시간을 적은 전표를 받아 와 권번에 맡긴 후 나중에 돈으로 받는 방식이었다.

권번을 통한 기생의 활동은 다음처럼 도표화할 수 있다.

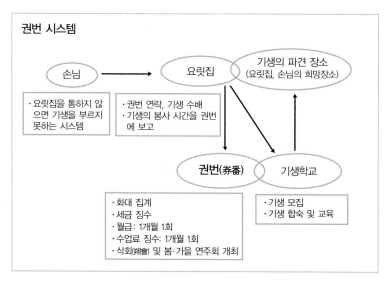

● 김미영, 「일본 교토의 하나마찌(花街)에 대하여」, 『근대서지』 4호, 근대서지학회, 2011, 466면에 있는 〈하나마찌(花街) 조직 구조도〉를 권번 시스템에 맞게 구성하였다.

仁川署司法室이
券番會計室化！

[仁川] 인천의 조선인측 기생

권변의 부실 회계 문제를 다룬 신문 기사(《동아일보》 1937. 10. 20.)

　조합은 요릿집의 요구에 신속하게 대응할 수 있고, 요릿집은 기생과 손님 사이의 마찰을 조합에서 맡아 처리하기에 서로에게 이익이 되는 것이었다. 기생에게 입회금 및 회비를 받고 그들의 세금 및 교육을 관장하면서 동시에 그들이 수익을 올릴 수 있도록 매개하는 곳이 조합이었다. 기생들 입장에서는 수익은 물론 자신들의 권익을 주장할 수 있었기에 이런 시스템에 편승해야 했다.

　그런데 요릿집과 기생들 사이에 든 권변이 화대를 합리적으로 관리하지 못해 조합장과 임원들이 경찰의 조사를 받았다는 신문 기사가 빈번하게 나타나기도 한다. 〈판명된 횡령금만 1만여 원의 거액, 피의자 양명(兩名)은 횡령죄로 송국, 인천 용동권번 사건〉(《매일신보》 1930. 12. 16.)과 〈인천서 사법실이 권번 회계실화!〉(《동아일보》 1937. 10. 20.)라는

● 입회금은 10~20원, 매월 회비는 50전이었다. 이난향, 『남기고 싶은 이야기들』, 중앙일보, 1977, 578~585면.

용동권번 기생들이 공연 활동을 했다는 축항사는 훗날 애관(愛館)으로 바뀌었다.

제목처럼 부실 회계와 관련된 기사가 등장한다. 예컨대 "보기만 하여
도 영롱한 기생들의 이름이 벌여 있고 시간대 수입전표를 주판질하고
있는 풍경은 보는 자로 하여금 마치 권번 회계실 같은 느낌을 갖게 하
였다"는 것이다. 이듬해의 〈인천 권번 분규 사건 상금(尚今) 해결이 묘
연, 대국 검사(大國檢事) 취조 착수〉(《동아일보》1938. 5. 5.)라는 기사도
이와 관련이 있다.

권번의
교육행정

기성권번

평양 기성권번은 1914~1921년에 설립된 것으로 추정하고 있다. 1921년 1월, 평양 기생학교의 설립을 관할 경찰서에 신고하면서 작성한 〈기성권번 학예부 규칙〉이 현전하기 때문에 이를 통해 교과목, 임원, 수업료, 상벌, 졸업 증서 등을 구체적으로 알 수 있다.

이에 따르면, 규칙은 총 5장으로 구성돼 있다. 제1장 총칙 제1조에는 권번 내에 학예부를 설치하는 이유와 교과목이 제시되어 있다. "본 학예부는 권번이 존재하는 한, 학예부도 존속하는 것으로 한다"는 설치 이유와 음악 과목 및 교양과목을 적시해 놓았다. 제2장 역원(役員) 항목에는 학감(學監), 부학감, 교사 약간 명으로 임원을 구분해 놓았다. 학감은 교육행정 및 훈련을 주도적으로 담당하는 취체역(取締役)을 맡았는데, 여기서 '취체'는 교장선생님의 역할에 해당한다. 제3장 수업료 항목에는 수업료가 1개월에 1원 50전이고 이에 대한 보증인은 부모가 맡는다고 명시되어 있다. 제4장 수업 항목은 기능 숙달 여부에 따른 수업 기간의 연장 및 단축과 입학 연령 8∼20세에 대한 규정이다. 제5장 상벌(賞罰)에는 연종(年終. 학기 말) 시험 성적 우수자에 대한 상과 규칙 위반자에 대한 퇴학을 명시해 놓았다.

1930년에 이르러 1개월 수업료가 학년별로 차이가 났는데, 1학년은 2원(당시 쌀 1가마의 가격이 1원 50전), 2학년은 2원 50전, 3학년은 3원이었다. 학기는 1년을 3학기로 운영했고 매년 3월에 학기말 시험에 통과해야 했다.

조선권번

조선권번은 1923년 하규일(河圭一, 1863∼1937)과 그를 따르던 대정권번 소속의 기생들이 경화권번을 인수하여 설립하였다. 1932년 조선권번은 경성의 4대 권번(한성, 대동, 한남, 조선) 중에 하나였다. 조선권번은 '경성 관광 안내도'(1938)에 소개될 정도로 경성의 대표적 권번이었다.

권번의 학감은 하규일, 취체역은 이난향이 맡았다. 조선권번에서 교육을 받은 자들의 회고에 따르면, 입학 연령은 11∼20세 중반, 수업

● 초사, 〈서도 일색이 모인 평양기생학교〉, 《삼천리》 7호, 1930. 7. 1.
● 吉川萍水, 『妓生物語』, 반도자유평론사, 1932, 158면.
● 김천흥, 「권번과 요리점으로」, 『심소 김천흥 무악 칠십 년』, 민속원, 1995.

료는 1원 50전~2원, 수업 기간은 1~3년이었다고 한다. 수업 기간이 유동적인 것은 개개인의 학습 능력을 고려해서인데, 이는 여타의 권번과 마찬가지이다. 기본 교과목을 이수한 후 '배반(杯盤)'을 통해 수료할 수 있었다.

가곡 명창이 되려는 신인은 일류의 풍류객들이 모인 자리 앞에서 노래를 불러서 그들의 심사, 즉 배반을 통과해야만 했다. 이 제도는 전주에서 열렸던 판소리 명창 대회인 〈대사습놀이〉와 유사하다. 이런 배반의 전통은 명창 하규일의 생존 시까지 존속됐으나 현재는 없어졌다.

배반은 일종의 학습발표회 겸 수료식의 기능을 하였다. 일류 풍류객들 앞에서 기예를 평가받는 자리이니만큼, 일정한 수준에 오르지 못한 학생들은 참여할 수 없었다. 상벌 제도는 '삭회(朔會)'를 통해 이루어졌다.

삭회에서 토의되는 안건은 여러 가지 있지만 특히 중요한 것은 손님 접대에 나갔던 기생들이 실수를 범했거나 위신을 떨어뜨리는 행위를 한 사람에게 비판이 가해지는 것이다. 삭회는 또 1년에 한 번 소속 기생들에게 상을 내리기도 했다. 그해에 행실이 제일 모범이

● 박신준, 『음악 대사전』, 세종음악출판사, 1982, 685면.

될 만했다든지, 동료 사이에 우정을 베풀었다든지, 노래와 춤에 놀랄 만한 진경을 보인 기생에 대해서는 상금과 상품이 푸짐하게 내리기도 했다. 그때 주는 선물은 대개 은수저나 금반지였다.

기생 노릇을 온전히 했느냐에 대한 평가와 비판이 삭회의 주요 목적이었다. 심지어 여자로서 또는 자식으로서의 본분을 다루기도 했는데, 예컨대 "어른한테 잘못하는 거, 길에서 한눈파는 거, 여자답지 않게 행동하는 거, 부모한테 잘못하는 거 그런 거 다 혼내. 그중에서도 제일 어렵게 생각한 것이 예기로서 품행 나쁜 거야. 그걸 못 지키고 탈선하면 권번에서 내보내"는 일도 삭회에서 결정하였다.

용동권번

용동권번의 설립에 관한 구체적 자료는 없다. 다만 1908년 9월 기생 단속령·창기 단속령이 공포되기 이전부터 '용동'은 기생과 밀접한 공간이었다. 남자들이 '용동 기가(龍洞妓家)'에 있다가 헌병에게 잡혀갔다는 기사(《대한매일신보》 1906. 3. 8.), 인천항에 사는 기부(妓夫)가 자신의 기생 산호주(珊瑚珠)가 서울로 끌려갔다고 경찰서에 호소했다는 기사(《대한매일신보》 1908. 1. 5.)는 용동이라는 공간과

● 이난향, 앞의 글, 154면.
● 구술 함동정월, 편집 김명곤·김혜숙, 『물은 건너 봐야 알고, 사람은 겪어 봐야 알거든』, 뿌리 깊은 나무, 1991, 22면.

옛 용동권번의 위치를 알려 주는 돌계단

맨 위 돌계단의 확대 사진

관련이 있다. 이후 1912년부터 신문 기사에 용동은 기생조합, 예기권
번, 권번이라는 단어들과 결부되어 나타난다. 신문 기사를 용동 기가
(1908) → 용동기생조합(1912) → 용동권번(1925) → 인화권번(1935)
→ 인천조선인권번(1938)처럼 시간순으로 나열할 수 있다.

● '소성권번'이라는 표현이 등장하지만(《동아일보》 1932. 4. 14.) 이는 '인천에 있는 권번'을 뜻하는
  말로, 용동권번을 가리킨다.

용동권번의 책임자는 조합장,[•] 또는 대표로 나타난다.[•] 입학 연령과 수업료, 수업 기간과 수업 방식에 관한 자료는 전하지 않지만 여타 권번과 유사했을 것이다. 다만 『조선미인보감』(1918)에 등장하는 전국 605명의 기생 중에서 14~22세가 가장 많은데, 기생의 교육 기간을 감안하면 그들의 평균 입학 연령을 11~19세로 추정할 수 있다. 인천의 경우, 『조선미인보감』에는 용동에서 활동하는 기생 5명의 나이가 15세 1명, 20세 2명, 21세 1명, 22세 1명으로 나타나고, 〈인천의 예기들 방년은 얼마?〉(《동아일보》 1938. 2. 2.)라는 기사에 인화예기권번의 기생 52명 중에 16~22세가 47명, 14세 2명으로 나타나고 있다. 『조선미인보감』의 경우와 유사한 것으로 보아, 교육 기간을 감안해 입학 연령을 11~19세로 추정할 수 있다. 현재의 학교 교육과정과 견주어 보면, 초등학생과 대학생에 해당하는 연령이 동시에 교육을 받은 셈이다.

수업 기간은 〈기성권번 학예부 규칙〉의 제4장 수업(修業)의 경우처럼 기능의 숙달 여부에 따라 수업 기간이 연장되거나 단축될 수 있었을 것이다. 1938년 한성권번의 교육 기간이 보통과 2년, 본과 1년, 전수과(專修科) 1년이었던 것(《동아일보》 1938. 4. 17.)을 보더라도 권번의 교육 기간은 대략 1~3년 정도였다.

취체라는 이는 모든 권번의 여자들이 잘하고 잘못하는 일을 다스

● 용동권번 낙성식 축하연에서 조합장 한성인(韓聖仁)이 인사말을 했다.(《시대일보》 1925. 11. 14.)
● 인천 예기 연주 대회를 개최할 때, 용동권번의 대표 오향선이 축사를 했다.(《매일신보》 1926. 11. 29.)

리는 이야. 예기로서 함부로 가질 수 없는 행동이나 그런 것 절대 못
하게 …… 그러니까 취체는 교장선생님 같은 분이지. 권번 아이들이
어디서고 잘못되면 취체부터 부르거든, 권번장하고, 참 여자는 호걸
이고 잘나야 돼.●

    지난 15일은 동 조합의 삭회를 개최하던 날인데 그날 회를 파하고,
동 조합 취체역(取締役) 김경란, 부취체역 손향심, 총무 최앵무 등 15
명 기생이 모두 주창하기를, 우리도 사회 일 분자 된 책임이 없지 아
니한즉 조선에서 생산되는 포목으로 의복을 지어 입기로 일심단결
하자 하고 그 이튿날부터 일제히 한양목으로 치마를 지어 입었는데,
이와 같이 단합이 된 것은 조합장의 권면도 아니어 다만 그 기생들
의 자발적 정신과 분발적 사상으로 결의된 것이라 하며 또는 김경란
은 말하기를 이것이 처음의 일이니까 우선 한양목 치마 한 벌씩만
지어 입은 것이지요.(《조선일보》 1923. 2. 14.)

    취체와 삭회에 관한 구술 자료와 신문 기사이다. 취체는 구술자가
"교장선생님 같은 분이지. 권번 아이들이 어디서고 잘못되면 취체부터
부"른다고 진술한 것처럼 학습자들의 교육행정 및 실무에 직접 관여하
고 있는 자이다. 인천권번에서의 삭회는 여타 권번의 삭회처럼, 조합
원들 간의 위계 및 단합을 목적으로 하고 있다. 삭회가 열리는 날이면
"평소에 얼굴을 보이지 않던 기생도 이날만은 빠짐없이 참석하여 권번

● 함동정월, 앞의 책, 22면.

화대를 둘러싼 요리점과 권번 간의 알력을 다룬 신문 기사(《동아일보》1927. 8. 24.)

의 제반 의결 사항을 듣고 준수해야" 할 정도로 삭회의 영향력은 절대적이었다. 삭회의 다음 날 기생 모두가 한양목 치마를 자발적으로 착용한 것도 그런 이유에서다. 물론 기생의 화대를 둘러싼 요리점과 권번 사이의 알력도 삭회의 이러한 기능과 무관하지 않다.

기생들의 연주회, 혹은 온습회(溫習會)는 기생 개인의 능력을 발표하고 인정을 받는 계기였다. 권번에서 교육받은 가무악은 기생들의 자족(自足)과 무관하게 타인들에게 보여 주기 위한 것이었다. 온습회는 기생들의 기예를 통해 권번을 광고하거나 경우에 따라서는 구제(救齊) 및 모금 활동을 하는 통로였다. 《매일신보》에서는 대정권번의 온습회 기사(1921. 11. 15.)를 비롯하여 한남권번, 종로권번, 강화권번 등의 온습회 기사들을 발견할 수 있는데, 온습회는 1년에 춘계와 추계로 나뉘어 열렸다. 인천과 관련하여 〈공보(公普)〉 설립비로 소성권번 온습(溫

● 이난향, 앞의 책, 580면.
● 《매일신보》에 따르면, 1926년도 한남권번의 온습회는 춘계에는 4월 3일, 추계에는 10월 10일에 열렸다.
● 공립 보통학교

용동권번 온습회를 마친 후 찍은 기념사진(사진 제공: 『사진으로 보는 인천시사』)

공립 보통학교 설치 재원 마련을 위한 소성권번 온습회 개최를 알리는 신문 기사(《동아일보》 1932. 11. 19.)

첩)〉(《동아일보》 1932. 11. 19.)이라는 기사가 있는 것으로 보아, 연주회 혹은 온습회의 목적은 여타 권번과 동일하였다.

이상으로 기성권번(평양)과 조선권번(경성), 그리고 용동권번(인천)의 교육 행정을 살펴보았다. 이를 도표로 나타내면 다음과 같다.

사료를 통해 본 권번의 교육행정

	평양 기성권번	조선권번	용동권번
설립 연도	1910년대	1923~1942	1908년 이후
소재지	평양 신창리 36	경성 다옥정 45	인천 용리 171
책임자	학감, 취체	학감, 취체	조합장, 대표, 취체
입학 연령	8~20세	없음	11~19세
수업료	입학금: 미상 1원 50전	입학금: 미상 1원 50전~2원	입학금: 미상 1원 50전~2원
수업 기간	3년	1~3년	1~3년
수업 방식	학년별 과목이 다름	필수과목 이수한 후 개인 과목 선택	여타 권번과 유사함
졸업 규정	졸업 증서, 연종(年終) 시험 및 시상, 규칙 위반자 퇴학	배반, 삭회, 연주회, 시상	삭회, 연주회(온습회)

임신화, 「권번과 개인 학습의 교육과정 연구」, 이화여대 석사 논문, 2007, 14면의 도표를 바탕으로 용동권번 관련 신문 기사와 『조선미인보감』을 참고하여 작성하였다.

용동 칼국수거리에서 왼쪽의 세탁소 골목으로 들어서면 용동권번의 돌계단이 있다.

권번의
교과 내용

〈기성권번 학예부 규칙〉의 제1장 총칙에는 기생들의 교과목에 관한 진술이 구체적으로 나타나 있다. 이를 성악, 기악, 춤, 글씨, 그림, 기타로 구분하면 다음과 같다.

- 성악: 시조, 가곡
- 기악: 금(玄琴), 양금(洋琴), 가야금
- 춤: 검무(劍舞), 예상우의무(霓裳羽衣舞)
- 글씨: 한문, 시문(詩文), 서(書), 행서(行書), 해서(楷書)
- 그림: 도화(圖畵), 사군자, 영우모(翎羽毛), 산수, 인물
- 기타: 국어, 독본, 회화

시조와 가곡은 조선의 전통 가요이다. 춤에서 예상우의무(霓裳羽衣舞)는 중국 당(唐)나라 현종(玄宗)이 꿈에서 본 선녀들의 모습을 본떠

만든 춤인데, 양귀비(楊貴妃)가 잘 추었다고 한다. 춤출 때 입었던 옷은 희고 긴 비단으로 만들었다. 흔히 '예상무' 혹은 '예상'이라 줄여 부르기도 한다.

인용에서 보다시피 노래, 악기 연주, 춤을 비롯하여 시서화(詩書畵)를 망라하고 있다. 한 개인이 모든 분야를 잘하기 힘들기에, 기본 교육을 받고 각 개인이 두각을 나타내는 부분을 좀 더 집중적으로 교육을 받았다. 물론 기타 항목의 회화(會話)에는 기생이 상대하는 자에게 서비스하는 방법 및 남자를 다루는 방법도 포함되어 있었다. 걷는 법, 앉는 법, 인사법, 술 따르는 법, 얼굴 표정 짓는 법 등도 회화 시간에 배웠다.

앞의 〈기성권번 학예부 규칙〉은 1921년 기성권번에서 관할 경찰서에 신고하면서 첨부한 것으로, 당시의 교과목은 시대의 흐름 혹은 상대해야 할 사람들의 취향에 맞게 변하였다. 예컨대 기타 항목에 있는 '국어'는 '일본어'인데, 일본인을 상대해야 할 경우가 생기기에 일본어 구사 능력이 필요했던 것이다. 상대하는 자들의 취향을 반영해야 하는 만큼, 1930년대에는 교과목에 '내지패(內地唄)'라는 일본창(日本唱)이 새로운 교과목으로 등장하기도 했다.

p.60의 도표는 권번의 교과 내용을 정리한 것이다.

1920년대와 1930년대의 비교에서 가장 두드러진 것은 1930년대에 성악에서는 '일본창', 기악에서는 일본 악기 '사미센(三味線)'이 첨가되었다는 점이다. 춤에서 외국 춤과 창작 춤이 등장한 것도 눈에 띄는 변화이다. 이는 상대하는 자들의 취향과 해당 권번의 지역적 특징, 학

평양기생학교의 시조창 수업 장면

시조가 적힌 칠판 부분의 확대 사진("국화야 너는 어이
삼월 동풍 다 보내고 낙목한천에 너만 홀로 피었느냐.")

권번의 교과 내용

권번/내용		교과 내용		특징
		1920년대	1930년대	
기성권번	성악	가곡, 가사, 시조, 경성잡가, 남도잡가	기존의 것에 신민요, 창가, 일본창 첨가	학년별 과목이 다름
	기악	금(현금), 양금, 가야금	기존의 것에 생황, 젓대, 피리 첨가	
	춤	검무, 예상우의무	기존의 것에 승무, 산조춤, 사고무 첨가	
조선권번	성악	가곡, 가사, 시조, 서도소리, 경기12잡가	기존의 것에 남도소리, 일본창, 잡잡가(민요) 첨가	궁중무를 집중적으로 학습
	기악	가야금, 거문고, 양금	기존의 것에 장구, 북, 사미센 첨가	
	춤	궁중무, 민속무	기존의 것에 외국춤, 창작무 첨가	
용동권번	성악	시조, 가사, 경서남 잡가(京西南雜歌)	기존의 것에 신민요, 일본창 첨가	경성(서울), 서도(황해도), 남도(전라도, 경상도) 잡가를 구사할 능력을 갖춤
	기악	양금, 가야금, 현금	기존의 것에 사미센 첨가	
	춤	입무(立舞), 검무, 승무, 정재무	기존의 것에 외국 춤 첨가	

임신화, 앞의 글, 28면과 『조선미인보감』에 등장하는 인천조합 소속 기생들의 경우를 참고하여 작성하였다.

감의 취향 등이 교과목에 반영된 결과이다. 앞의 도표 이외의 광주권 번과 동래권번의 교과목에서도 동일한 것과 다른 것이 등장하는데, 이는 해당 권번의 학감이 지역 특성 및 교사, 그리고 교육생과 상대해야 할 손님들을 고려해서 설정한 것이기에 부분적인 차이가 난 것이다.

인천의 경우, 『조선미인보감』에 등장하는 인천조합 소속 기생 5명의 기예를 참고한 것이다. 인천조합의 기생들은 기성권번(평양)과 조선권 번(경성)처럼 시조와 가사를 구사하는 것은 물론, 경성(서울)·서도(황 해도)·남도(전라도와 경상도) 잡가에도 능력이 있었다. 인천조합 소속 기생 5명 중 김연홍(金蓮紅, 15세)의 기예를 설명하는 부분에 남도잡가 가 빠져 있는데, 이는 조합에 들어온 지 1년이 채 안 되어 아직 남도잡 가를 구사하지 못한다는 실정이 반영된 것일 터이다. 하지만 김연홍의 거주지가 나이 많은 선배 기생들인 김명옥(21세)와 김홍매(20세)의 거 주지와 같은 '인천부 용리 156'인 것으로 보아, 선배들과 숙식을 함께 하면서 오래지 않아 김연홍도 남도잡가를 쉽게 습득했을 것이다.

인천조합 소속 기생들의 기예는 그들이 상대하던 사람들의 취향을 반영한 것으로, 당시 인천 개항장에서 활동하며 권번을 출입했던 자들 의 출신지가 다양했음을 의미한다. 그리고 용동권번 출신의 가수를 감 안하여, 1930년대에 신민요와 일본창이 교과목에 첨가되었을 것으로 추측해 보았다. 용동권번 출신의 장일타홍(張一朵紅)은 콜럼비아 레코 드사에 소속되어 1934년부터 1940년까지 유성기 음반 10장(20곡)을 남겼고, 이화자(본명 李順栽)는 1936년 뉴코리아 레코드사에서 데뷔하 여 포리돌 레코드사와 오케 레코드사에서도 활동하며 총 125곡 중에서 신민요 75곡을 불렀다. 일본창이 교과목으로 설정된 것은 전국 권번에 공통된 현상이니, 용동권번에서도 그러했을 것으로 추측된다.

하지만 시대에 따른 교과목의 변화에도 불구하고 전혀 변하지 않은 과목이 있었는데, 기타 항목에 있는 회화 혹은 예절 과목이 그것이다. 이른바 '수신(修身)'이라 지칭하는 이 과목은 지역을 초월해 부산(동래), 광주 등지에서도 발견할 수 있다. '수신'은 자신보다는 타인(상대하는 남자)을 위한 것이다.

권번에서는 예의범절을 '행신'이라는 이름으로 가르쳤다. 행신은 그 권번 안에서도 관록이 붙은 나이가 지긋한 기녀가 가르쳤다. 이런 기녀를 행수 기녀라고도 하고 그냥 행수라고도 한다. 행수 기녀는 동기들을 모아 놓고 회초리로 때려 가며 행신을 가르쳤다. 걸음 걷는 법, 앉는 법, 시선 두는 법, 절하는 법 따위로, 손님 앞에서 모든 행동 하나하나를 가르쳤다.•

권번에서 기녀들을 교육하면서 개인별 수학 능력을 인정하고 그에 맞게 조율을 할 수 있었지만, 기녀들의 태생적인 부분을 교육하는 데에는 예외가 없었다. "회초리로 때려 가며 행신을 가르"치는 것은 가무악 습득보다 전제되는 일이었다.

• 설호정, 〈감은 눈가로 번지는 눈물—대구 기생 김초향 일대기〉, 《뿌리깊은 나무》, 한국브리태니커, 1977, 100~101면.

권번의
일과

       권번의 기생들은 일과표에 따라 교육을 받았다. 권번에 따라 부분적으로 차이가 있었겠지만, '배우고 복습'하는 일에는 별반 다를 바가 없었다.

    권번에는 매일 출석하지, 벤또 가지고, 오후 늦게까지 배워요. 거기서 배워 갖고 거기서 복습 다 한다, 이제. 아침 아홉 시 출근, 도장 찍고 점심 먹고 또 배우고 또 복습하고 그래요. 네다섯 시에 끝나서 집에 오면 거진 저녁 먹을 때가 돼. 걸레 빨고 소지하고 저녁 먹고 그러면 심부름 갈 데 있으면 가고 엄마 따라가자 그러면 수양엄마 따라가고 그래야지●

● 함동정월, 앞의 책, 23면.

가야금 명인 함동정월(咸洞庭月)이 광주권번에서 교육받던 때를 회고한 부분이다. 권번에서 점심 도시락을 먹고 저녁녘까지 교육을 받는데, "배우고 또 복습하"는 일이 반복되었다. 특히 아침에 전원이 참석한 가운데 조회를 했는데, 이때 예절 교육을 받았다. 교과목으로 구체

기생 공연 모습. 신문사에서 두 장의 사진을 겹치게 배열해 놓았다.(《매일신보》1931. 11. 23.)

적으로 나타나지는 않지만 예절 교육이 가장 먼저 시작되었다. 이는 어느 권번이든 마찬가지였다.

가무악(歌舞樂)과 시서화(詩書畵)에 관한 단체 교육을 받았지만 개인 별로 심화 학습을 원할 때에는 개인 교습을 받아야 했다. 물론 일반 수 업료 이외의 돈을 개인적으로 지불해야 했다. 경우에 따라서는 권번의 교육을 모두 마친 후에 개인적으로 선생을 찾아다녔는데, 선생을 집에 모셔 두거나 '사무왕교(師無往敎)'라 하여 제자가 선생이 있는 곳을 방 문하여 교육을 받았다.

다음은 진주권번의 하루 일과표이다.

권번의 일과표

	내용		비고
	예절		전원 참석
	기악	기악	
		시조	
10시~12시	성악	창	
		단가	춤과 기악, 수리과로 나누어 교습
	글씨	한문	다만 희망자에 한하여 다른 과목
		습자	수강 가능
13시~17시	춤		
	개인 연습		

- 문재숙, 「갑오경장(1894)부터 일제시대(1945)까지 한국음악 연구—古老들의 구술과 신문방 송레코드 문헌을 중심으로—」, 『이화음악』 11호, 이화여대 음악대학, 1988, 45~46면.
- 안성희, 「권번 여기 교육 연구」, 숙명여대교육대학원, 2004, 43면.

● 『조선미인보감』 속의 용동권번 기생들

● 행적을 알 수 있는 용동권번 기생들

용동권번의
기생들

십오 세의 연소 기생, 시조잡가 곧잘 하고,

거문고가 능란함도, 숙성하다 하겠거늘, 국한문을 능히 알아,

서사통정 할 만하니, 기특하다 김연홍이,

그 뉘 아니 일컬으랴, 아름답고 맑은 체격,

추수부용 새로 핀 듯,

집은 듯한 어깨 모양, 맵시 동동 똑딱도다,

성장한 곳 서울이요, 작년부터 조합작명

『조선미인보감』속의 용동권번 기생들

　　1918년 경성신문사에 발행한 『조선미인보감』은 당시의 권번, 혹은 기생조합에 소속되어 있던 기생 605명에 관한 자료집이다. 각 면에 기생 두 명의 인적 사항과 사진, 그리고 기예를 제시하였다. 특히 해당 기녀의 특징과 그에 대한 평가를 8·8조나 8·5조의 가사체로 부기해 놓았다. 자료집 서문에 "미인보감은 무슨 책이뇨. 조선 전도 미인의 사진과 기예와 이력을 수집하고 조선 언문과 학문으로 저술한 책이니라"라고 밝혔듯이 조선 전체 기생들의 기예와 이력을 담고 있는 화보집이다.

　　『조선미인보감』에 수록된 기생들은 경성의 조합들(한성권번, 대정권번, 한남권번, 경화권번), 대구조합, 김천조합, 동래조합, 창원조합, 광주조합, 평양조합, 진남포조합, 수원조합, 개성조합, 인천조합, 안성조합, 연기조합에 소속된 이들이다. 1914년 즈음에 조합에서 권번으로 명칭이 바뀌었지만 경성에서는 권번이라는 이름을, 지방에서는 아직

조합이라는 이름을 사용하고 있었다.

기생 605명 중에서 경성의 권번에 속한 기생은 477명으로 약 78% 를 차지하고, 인천은 5명으로 0.8%에 해당한다. 인천조합보다 인원이 적은 곳으로 3명인 개성조합과 2명인 창원조합이 있다.

권번과 조합에 소속된 기녀들 중에서 나이가 가장 어린 경우는 대정 권번의 9세, 나이가 가장 많은 경우는 대구조합의 33세였다. 가장 많은 인원이 분포된 연령대는 14~22세로, 그들이 교육받은 기간을 감안하면 기녀의 절정기는 16~19세에 해당한다.

인천조합 소속 5명의 기녀에 관한 자료를 도표로 나타내면 다음과 같다.

성명	류명옥(柳明玉)
나이	22세
원적	경상남도 창원군
현주소	경기도 인천부 용리 228
기예	시조(時調), 경·서·남잡가(京·西·南雜歌), 입무(立舞), 검무(劍舞), 가야금(伽倻琴), 양금(楊琴), 능화(能畵), 매란국죽(梅蘭菊竹)

성명	김명옥(金明玉)
나이	21세
원적	전라북도 전주군
현주소	경기도 인천부 용리 156
기예	시조, 경·서·남잡가, 입무, 각종 정재무(呈才舞)

성명	김홍매(金紅梅)
나이	20세
원적	경상북도 치구부
현주소	경기도 인천부 용리 156
기예	시조, 가사(歌詞), 경·서·남잡가, 가야금

성명	조점홍(趙点紅)
나이	20세
원적	경성부
현주소	경기도 인천부 용리 90
기예	가사, 시조, 경·서·남잡가, 승무(僧舞), 검무, 현금(玄琴), 가야금, 양금, 국어(國語), 묵화(墨畫)

성명	김연홍(金蓮紅)
나이	15세
원적	경성부
현주소	경기도 인천부 용리 156
기예	시조, 경·서잡가(京·西雜歌), 현금, 능해국(能解國), 한문(漢文)

　인천을 원적으로 둔 기생이 존재하지 않고 경상도 2명, 경성부(서울) 2명, 전라도 1명으로 나타나고 있다. 참고로, 『조선미인보감』에 등장하는 605명의 기생 중에 인천이 원적인 경우는 존재하지 않는다.

　권번의 교과 내용을 성악, 기악, 춤, 글씨, 그림, 기타 등으로 나눌 때 성악에서 공통점을 찾을 수 있다. 5명의 기예 중에서 공통된 것은 시조(時調)와 경서잡가(京西雜歌)이다. 김연홍(金蓮紅, 15세)의 경우 남도잡가가 빠져 있는데, 나이가 가장 어리고 1년 전에 인천조합에 들어왔다는 점을 감안하면 그 후 『조선미인보감』이 출판될 즈음에는 남도잡가도 구사했을 것으로 판단된다. 인천조합 기생 모두 경성(서울)·서도(황해도)·남도(전라도와 경상도) 잡가를 구사할 능력을 갖추고 있었고, 이것이 여타 권번이나 조합과 변별되는 점이다.

기악에서는 기녀에 따라 약간씩 차이가 난다. 가야금과 양금을 동시에 다룰 수 있기도 하고 아예 기악에 대한 특기가 없는 것으로 나타나기도 한다. 춤 또한 개인에 따라 약간씩 차이가 있다. 그림에 소양이 있는 자와 그렇지 못한 경우도 보인다.

> 인천조합 예기 중에, 일등 명기 누가 될꼬 …… 조점홍이 첫째 되리, 그 색태로 볼지라도, 일등 미인 될 것이라, 아름답고 어여쁜데, 탈속함이 더 귀하고, 유창하다 일본말은, 동경 유학 갔다 온 듯, 솜씨 있는 매란국죽, 화사화백 합흠하네

조점홍에 대한 설명이다. 권번의 교과 내용 중에서 기타 항목에 해당하는 국어(國語)에 대한 소양이 대단하다고 한다. 여기서 '국어'는 "유창하다 일본말은, 동경유학 갔다 온 듯"에 나타나듯 일본말이다. 일본인을 상대해야 할 경우가 생기기에 일본어 구사 능력이 필요했다. 1930년대에 평양 기성권번과 경성 조선권번의 교과목에 '내지패(內地唄)'라는 일본창(日本唱)이 새롭게 등장한 것도 기생들이 상대할 사람들의 특성을 반영한 것이다.

기생의 현 거주지에서 기생 3명이 인천부 용리 156을 주소지로 두고

있고 나머지는 각각 용리 228과 용리 90으로 나타나고 있다. 김명옥 (21세)와 김홍매(20세), 그리고 김연홍(15세)의 동일한 주소는 그들이 함께 숙식을 하며 생활했다는 것을 가리킨다. 그들의 주소가 용동예기 조합의 주소지를 가리키는지 알 수 없지만, 조합 근처에서 거주하며 조합의 연락을 받고 요리점 등으로 놀음을 나갔을 것이다. 용리 228과 용리 90에 거주하던 기생들이 조합 근처에 거주했던 것도 이런 이유 와 밀접했다.

다음은 각 기생들에 관한 해설 중에서 일부분을 발췌한 것이다.

류명옥 경상남도 창원군에, 류명옥이 태어나서 …… 명가명창 되자 결심, 가무음률 공부했네, 추천명월 둥근달은, 그 얼굴이 방불하고, 세요궁이 어드메뇨, 버들허리 날씬하다, 십팔 세에 올라와서, 인천조합 들었구나, 특별할손 묵화 재주, 매란국죽 잘 그리네

김명옥 …… 우산 들고 책보 끼고, 한길에를 썩 나서면, 앞뒤 맵시 절묘하고, 신식 여자 완연하여, 학생인가 기생인가, 분별하기 어려우나, 물씬물씬 분수 향내, 물큰물큰 직구$^{●}$ 냄새, 비단 수건 한끝 잡아, 느지막이 손에 든 것, 유정낭군 만날진대, 추파 흘려 송정함은, 화류계에 이름난 꽃, 김명옥이 아니더냐 …… 전주감영 고향이라, 각색가무 다 배운 후, 금년부터 인천조합

● 여성용 머릿기름

김홍매 한 가지 홍매화가, 대구에서 뿌리 뻗어, 고운 빛을 자랑터니, 역마 등에 실려 와서, 인천항에 옮겨 심어, 상화객의 구경거리, 너도나도 꺾자 하여, 풍류세월 사 년간에, 꽃싸움이 많았으리, 가사 시조 삼도잡가, 수단 있게 곧잘 하고, 가야금의 백구타령, 멋이 있어 듣기 좋데

조점홍 인천조합 예기 중에, 일등 명기 누가 될꼬 …… 조점홍이 첫째 되리, 그 색태로 볼지라도, 일등 미인 될 것이라, 아름답고 어여쁜데, 탈속함이 더 귀하고, 유창하다 일본말은, 동경 유학 갔다 온 듯, 솜씨 있는 매란국죽, 화사화백 합홈하네

김연홍 십오 세의 연소 기생, 시조잡가 곧잘 하고, 거문고가 능란함도, 숙성하다 하겠거늘, 국한문을 능히 알아, 서사통정 할 만하니, 기특하다 김연홍이, 그 뉘 아니 일컬으랴, 아름답고 맑은 체격, 추수부용 새로 핀 듯, 집은 듯한 어깨 모양, 맵시 동동 똑딱도다, 성장한 곳 서울이요, 작년부터 조합착명

류명옥(22세)이 18세에 올라와서 인천조합에 들어왔다고 하니, 1914년에 인천기생조합에 적(籍)을 두었다는 말이다. 김명옥(21세)은 치장과 남자 대하는 일에 능력이 있었던 기생으로 나타난다. 학생인 듯 기생인 듯한 자가 분수 향, 직구 냄새를 풍기며 "유정낭군 만날진대, 추파 흘려 송정함은, 화류계에 이름난 꽃"처럼 추파를 흘려 송정(送情)

仁川組合

原籍 慶尙南道昌原郡
現住 京畿道仁川府龍里二三八
【柳류 明명 玉옥】 (三十二才)
技藝 一 楊琴、諸歌、梅竹舞

原籍 全羅北道全州郡
現住 京畿道仁川府龍里一五六
【金김 明명 玉옥】 (三十二才)
技藝 詩詞、京、西、蘭蝶歌、立雜、各種呈才舞

原籍 慶尙北道治馬府
現住 京畿道仁川府龍里一五六
【金김 紅홍 梅매】 (三十才)
技藝 詩詞、歌詞、京、西、府羲歌、伽倻琴

仁川組合 二

原籍 京城府
現住 京畿道仁川府龍里九〇
【趙조 点점 紅홍】 (二十才)
技藝 歌詞、詩詞、京、西、珍羅歌、僧舞、銀劍、玄琴、伽倻琴、楊琴、諭語、楊畫

네

『조선미인보감』의 인천조합 기생. 왼쪽 위부터 시계 방향으로 김명옥, 류명옥, 김홍매, 조점홍.

技藝 —
詩調 京·西雜歌, 玄琴, 能解國漢文

原籍京城府
現住京畿道仁川府龍里一五六
【金김 蓮연 紅홍】
(十五才)

하는 행위는 화류계에서도 이름이 났다고 한다. 김홍매(20세)도 "인천 항에 옮겨 심어, 상화객의 구경거리, 너도나도 꺾자 하여, 풍류세월 사 년간에, 꽃싸움이 많았으리"에 나타나듯 4년 전에 인천조합에 들어와 서 상화객들에게 인기를 끌던 기생이었다. 조점홍(20세)는 색태(色態, 곱고 아름다운 자태)가 인천 제일이었다고 한다. 특히 일본어 능력이 남 달랐기에 일본인에게 각광을 받았던 기생이었다. 김연홍(15세)은 가장 어린 기생이기에 그것을 감안하여 "국한문을 능히 알아, 서사통정 할 만하니, 기특하다"며 그녀의 가능성에 대해 기술하고 있다.

행적을 알 수 있는 용동권번 기생들

복혜숙(본명 마리馬利, 1904~1982)

복혜숙은 충남 보령에서 기독교 전도사를 하던 복기업의 딸로 출생했다. 성서에 나오는 마리아의 이름을 따서 아버지가 지어 준 이름이 복마리(卜馬利)였다. 나중에 목사가 되었던 아버지는 논산으로 이사를 했고, 병약하던 어머니가 세상을 떠난 뒤 계모를 싫어했던 그녀는 혼자 서울로 올라가서 이화학당을 다녔는데, 재학 시절 합창단으로 활동하며 학생임에도 불구하고 레코드사의 제안을 받아 〈그대 그립다〉, 〈종로 행진곡〉 등 10여 장의 음반을 발표했다. 재학

● 김대한, 〈여배우 1세대 복혜숙〉, 《영남일보》, 2005. 9. 7. 그러나 《동아일보》(1930. 1. 28.)에 "째즈 송 종로행진곡 · 그대그립다 콜럼비아 째즈밴드"로 기록되어 있는 것으로 보아, 학생 때가 아니라 용동권번에 몸을 담기 전에 레코드를 취입한 것임을 알 수 있다.

중에는 학교 공부보다도 뜨개질을 비롯한 수예를 좋아해 수예 학원을 다녔다. 그 학원에서 주선을 해 주어 요코하마 수예 학원으로 유학길을 떠났는데, 그곳에서 연극 공연에서 뮤지컬 공연에 이르기까지 각종 공연은 모조리 찾아다니며 관람했다. 한번은 무용 공연을 보고 너무 심취해서 무용연구소에 나가 수련을 하고 있었는데, 고국에서 딸을 찾

〈세 동무〉에 출연 중인 복혜숙.
〈왕년의 명화 소개〉, 《경향신문》 1961. 3. 9.

아온 아버지가 그 현장을 보고 격노해서 그녀를 집으로 데려갔다.

그 후 강원도 김화교회의 목사가 된 아버지를 따라 교회에서 일본어를 가르치며 세월을 보내다가 어느 날 짐을 챙겨서 서울로 무작정 올라왔다. 단성사를 찾아간 그녀는 인기 변사 김덕경을 만나 배우가 되고 싶다며 자신의 포부를 밝혔다. 김덕경은 신극좌(新劇座)의 김도산(金陶山)에게 연결시켜 주었고, 그녀는 거기서 여러 편의 신파극에 출연하였다. 연극 활동을 하면서 명창 이동백(李東伯)도 만나서 판소리를 조금 배

있는데, 이동백은 그녀의 걸걸한 목소리를 듣고 "한 3천 원쯤 주고 너의 아버지에게 너를 사서 창을 가르치고 싶다"고 했다.

1921년 복혜숙은 현철(玄哲)이 세운 조선배우학교에 입학했고, 토월회(土月會)에서 활동하다가 1926년 이규설(李圭卨) 감독의 영화 〈농중조(籠中鳥)〉에 출연하면서 영화인으로 새로운 삶을 시작했다. 1927년에는 이구영(李龜永) 감독의 〈낙화유수〉, 1928년에는 〈세 동무〉, 〈지나가(支那街)의 비밀〉 등에 연이어 출연했다.

그녀는 영화, 연극, 라디오 드라마, TV극에 출연했는데 그중 영화와 관련해서 "어림짐작 3백 편은 넘을 듯"하다고 회고하기도 했다.(《동아일보》 1979. 9. 18.) 그녀가 마지막으로 출연한 영화는 이장호 감독의 〈낮은 데로 임하소서〉(1981)였다.

복혜숙의 타계에 관한 특집 기사(《동아일보》 1982. 10. 6.)

● 복혜숙, 〈나의 교유록〉, 《동아일보》 1981. 4. 29.
● 유민영, 「초창기 연극영화를 풍성케 한 여배우, 복혜숙론」, 『연극평론』 37호, 2005; 이동순, 〈최초의 재즈 가수였던 복혜숙〉, 《매일신문》, 2014. 1. 29. 참조.

신문에서는 그녀의 죽음을 특집 기사로 알렸다.

기사에 나오는 '대모(代母)'라는 말이 이채로우면서 그를 대표하는 단어인 듯하다. 그녀와 인천의 인연은 "一時 京城에서 花形 女俳優로 또는 人氣 妓生으로 이름이 잇던 卜惠淑은 一金 8백 원也를 밧고 仁川 龍洞券番으로 花籍을 옴기엿다. 滿仁川 浮浪遊志靑年! 주머니 끈만 단단이 매여라"(《별건곤》 1930. 12.)라는 기록을 통해 알 수 있다. 인천에서 그녀는 "룡동권번의 남자 임원들의 부정행위를 적발하야 적년의 폐습을 깨치고 우리의 권번은 우리가 경눈하자"(《별건곤》 1931. 11.)며 권번의 임원으로 활동하였다.

다음의 노래를 통해 그녀가 생각하는 애정관과 그 반대 경우를 짐작할 수 있다.

어여쁜 꽃들이 방긋이 웃으며 머리에 입술에 키스한다
정든 사람아 나비와 함께 따뜻한 봄을 그려 볼까
부귀영화 희로애락이 있더라도
사랑이 없으면 나는 싫어요

가깝던 가락에 다이아몬드가 번쩍거려도 나는 싫어
○○라 연극에 구리 반지라도 참사랑이라면 나는 좋아
부귀영화 모두 있더라도
사랑이 없으면 나는 싫어요
　　—복혜숙, 〈愛의 光〉

"○○라 연극에 구리 반지라도 참사랑이라면 나는 좋아"라는 부분은 마치 연극·영화 활동을 하던 중에 레코드 취입을 한 복혜숙이 자신의 애정관을 드러내는 듯하다. 그녀가 생각하는 참사랑은 나비와 꽃의 관계처럼 어느 한쪽이 일방적이지 않은 상호적 관계를 바탕으로 한다. "구리 반지라도" "함께 따뜻한 봄을 그려 볼" 수 있는 것은 상호 관계적 참사랑에서 비롯했기 때문이다. 제목이 〈사랑의 빛(愛의 光)〉인 것처럼 참사랑은 상호 관계에서 빛나는 것이었다.

새벽녘이 되어 오면 이 내 번민 끝이 없네
산란해진 마음속에 비취는 것 뉘 그림자
그대 그립다 입술은 타는구나
눈물은 흘러서 오늘 밤도 새어 가네
노래 소리 지나가고 발자취 들리지만
어디에서 찾아볼까 마음속의 그림자
그대 그립다 이 내 생각 산란하여
괴로운 며칠 밤을 누굴 위해 참으리

지나가는 저 그림자 사라지는 저 그림자
누굴 위해 바치랴 고달픈 이 마음이여
그대 그립다 등불은 희미한데
힘없이 허리띠의 풀어짐도 쓸쓸쿠나
―복혜숙, 〈그대 그립다〉(1930)

복혜숙의 종로행진곡·그대그립다 신문 광고(《동아일보》 1930. 1. 28.)

　　번안 가요로, 원곡은 일본에서 1929년 크게 히트했던 〈君戀し(기미
코이시)〉이다. 원래는 콜럼비아 사에서 윤심덕(尹心悳)에게 부탁을 했
다가 거절당하고 복혜숙에게 취입 제의를 했던 것이라 한다.

　　새벽녘이지만 마음속의 그림자로 인해 화자는 온전히 잠자리에 들
지 못한다. 화자의 "내 번민 끝이 없"는 것은 노래 제목처럼 "그대 그
립다" 때문이다. "눈물은 흘"리며 "괴로운 며칠 밤"을 보냈건만, 임이
부재하니 "입술은 타는" 듯하고 "생각 산란하"기만 하다. 그래서 잡힐
듯 잡히지 않는 실체의 잔상에 해당하는 그림자를 반복하며 "그대 그
립다" 했던 것이다. "새벽녘이 되어 오면"이라는 시간의 흐름에 관한
표현과 "노래 소리 지나가고 발자취 들리지만"이라는 화자의 현재 상
황을 통해 보건대, 화자는 새벽녘까지 "그대 그리워"하다가 유성기를

● 이동순, 〈최초의 재즈 가수였던 복혜숙 2〉, 《매일신문》 2014. 2. 6.

타고 흘러나온 노랫소리를 통해 임에 대한 기억을 되살리고 있는 것 같다. 그 기억은 "그림자"로 표현됐는데, 그것이 "뉘", "마음속의", "사라지는 저"라는 표현들 뒤에 나오는 만큼 임과의 재회는 불가능한 일이다. 추단컨대, "허리띠의 풀어짐도 쓸쓸쿠나"는 임과의 이별로 인한 화자의 심리적 압박("내 생각 산란", "고달픈 이 마음")이 체중의 감소로 연결된 것을 가리키고 있는 듯하다. 결국, "그대 그립다"고 하지만 임의 부재는 지속될 터이기에 일방적 관계의 정서를 읽어 낼 수 있는 노래에 해당한다.

장일타홍(張一朶紅, 191?~?)

장일타홍의 생몰 연대나 가계(家系)를 비롯한 개인 신상에 대해서는 알려진 게 별로 없다. 인천권번 기생이었다가 가수로 활동했다는 것 정도이다. 《조선중앙일보》 1934년 9월 11일 자에 당사가 삼남 지방의 수재민을 위문하기 위해 '전 조선 순례 음악회'를 개최했다는 기사가 실렸는데, 그 참가자 소개 중에 장일타홍과 관련된 기록이 있다. 그에 따르면 그녀는 인천의 한 부잣집에서 태어났지만 부친이 갑자기 병사한 후 가세가 기울어 보통학교를 겨우 졸업하고 어린 자매와 풍찬노숙을 했다고 한다. 이어 남은 가족을 위하여 기생으로 몸을 팔았으나 설상가상으로 전차금(前借金)으로 받은 것까지 사기를 당했고, 이후 가무에 정진하여 조선의 명창이 되었다고 한다.

《삼천리》(1935. 8.)의 〈三千里 機密室(The Korean Black Chamber)〉이

장일타홍의 이력이 소개
된 '전 조선 순례 음악회'
관련 신문 기사(《조선중앙
일보》1934. 9. 11.)

라는 기사에 장일타홍이 서울 콜럼비아 레코드사 소속의 가수로 등장
한다. 기사에서는 소속 가수들의 결혼 여부를 "姜弘植 씨―아드님이
벌서 중학에 다니는 결혼한 분" "蔡奎燁 씨―이미 결혼" "趙錦子 양―
芳紀 23, 아직 미혼"이라 하고, 그녀에 대해서도 "張一朵紅 씨―이미
기혼"으로 규정해 놓았다. 이를 통해 그녀가 인천권번 출신의 기혼자
가수였음을 짐작할 수 있다. 그리고 《삼천리》(1935. 10.)의 가수 인기
투표 결과에 따르면 10위권에는 들지 못했으나 등외(等外) 명단 16명
중에서 14번째에 이름이 명기되어 있다.

  이후 《조선일보》 1935년 2월 14일 자의 〈콜럼비아 秘藏 가수 총출동, 유행가 민요 무용의 밤〉과, 1938년 2월 25일 자의 모리나가제과 (森永製菓)가 주최하는 〈봄의 뫄리에테〉, 그리고 4월 23일 자의 〈전조선향토연예대회 古樂歌舞 대 페젠트 8도 여류 명창대회〉와 1940년 3월 19일 자의 〈방송예술가 實演의 밤〉이라는 기사들에서 같은 이름을 발견할 수 있다. 그러나 이후에는 신문·잡지 자료 등에서 이름을 찾을 수 없을 정도로 행방이 묘연하다. 다만 기사 제목을 종합해 확인할 수 있는 것은 장일타홍이 콜럼비아 레코드사에 소속되어 6~7년 동안 '비장 가수'나 '여류 명창'으로 활동했던 인천권번 출신의 유명 가수였다는 점이다.

비록 확인할 수 있는 그녀의 활동 기간이 1934년부터 1940년까지로 짧았지만 유성기 음반을 10장(20곡) 남겼을 정도로 해당 음반 회사의 대표 가수였다.● 두 번에 걸쳐 레코드를 취입했는데 1934년에는 민요와 가요를, 1935년에는 신민요만 녹음했다. 민요 6곡, 신민요 12곡, 가요 2곡 중에서 가요는 〈첫사랑〉(유일 작사, 1934)과 〈옛님을 그리면서〉(김억 작사, 1934)이다.

느러진 버들에 맹세하든 님
철 지나 꽃 져도 소식 업구나
밤이면 별 따라 눈물 흘넛고
낫이면 우리 님 기다렷지요

● 노재명, 「장일타홍의 유성기 음반에 관한 연구」, 『한국음반학』 6호, 한국고음반연구회, 1996.

한번 간 그님은 오실 길 업고
온다는 소식도 업섯것만은
행여나 오실가 남쪽 하눌에
어제도 오늘도 불너 봣지요

떠나신 님이나 이즐 길 업고
못 오신 님이나 생각하노라
님 주신 애정을 어이할거나
첫사랑 든 것이 야속하지요

— 장일타홍, 〈첫사랑〉(1934)

기녀의 정서를 온전히 반영하고 있는 노래이다. 기녀를 해어화(解語花)와 노류장화(路柳墻花)로 부르는 것은 그들을 철저히 수동적인 대상으로 인식하는 데에서 비롯한다. 그들은 자족적인 대상이 아니기에 항상 사랑의 실패에 괴로워하며 누군가를 그리워해야 하는 처지에 있다. "느러진 버들에 맹세"했기에 그 약속은 지켜질 리 없지만, 화자가 약속에 집착하면서 "떠나신 님이나 이즐 길 업"다 하며 "밤이면 별 따라 눈물 흘"리는 모습은 기녀 화자의 정서에 다름 아니다. 장일타홍이 인천권번에서 활동하다가 가수로 전업한 것을 염두에 두면, 앞의 노래는 결국 그녀의 과거 정서를 반영하고 있는 셈이다.

물론 작사자 유일(劉一, 1909~?)이 인천에서 성장하고 활동했다는 점을 감안하면, 앞의 노래는 장일타홍을 염두에 두고 만든 맞춤형 노

래라 할 수 있다. 유일은 본명이 전기현(全基玹)으로, 유일춘(柳一春) 및 하영랑(河英琅)이라는 필명을 사용하기도 하였다. 전기현은 소속사와의 계약 문제로 여러 필명을 사용했는데, 서울에서 태어나 인천으로 이주해 성장했고, 인천상업학교를 졸업한 뒤 잠시 인천부청(府廳)에 근무하다가 여러 레코드사의 전속 작곡가로 활동하였다.

이화자(본명 순재順栽, 1918~1953)

이화자는 신민요, 잡가, 유행가를 부르던 인천권번 출신의 가수이다. 본명은 순재(順栽)로 보통학교를 졸업했고, 평양의 기생학교만은 못했어도 서울보다는 낮았지만 개성보다는 높았다는 인천권번에서 활동하다가 가수로 진출했다. 이화자에 관한 기록은 그

● 이준희, 「일제시대 인천 지역의 대중음악적 위상」, 『인천학연구』 9, 2008, 227면.
● 고일, 『인천석금』, 경기문화사, 1955, 143~144면.

이화자의 이력을 소개한
신문 기사(《만선일보》
1940. 7. 31.)

리 많지 않다. 출생과 성장에 관한 행적은 알 수 없고, 있다 하더라도 논자마다 조금씩 차이가 있다. 예컨대 가수 데뷔 계기를 1930년대 부평의 어느 술집에 노랫가락을 잘하는 작부의 소문이 서울에까지 났고 그래서 마침내 작곡가 김용환에게 발탁되었다거나,˙ 술집 작부가 아니라 개성권번의 예기 출신의 기생이라 주장하는 게 그것이다.˙

하지만 《만선일보》(1940. 7. 31.)에서는 이화자의 사진과 함께 그의 출생지를 인천으로 기록하고 있어 인천권번 소속의 기생이었으리라고

● 이동순, 〈기생의 삶을 탄식한 이화자〉, 《영남일보》 2007. 1. 1.; 박찬호, 『한국가요사』, 안동림 옮김, 미지북스, 2009, 349면.
● 송방송, 「신민요 가수의 음악사회학적 조명─권번 출신의 여가수를 중심으로」, 『낭만음악』 55호, 2002, 59면.

추측할 수 있다. 게다가 《조선중앙일보》(1934. 8. 12.)에 〈인천권번 기생들도 의연금 모집 활동, 홍등 하에서 웃음 파는 그들의 이 가상한 독행〉이라는 기사에 이화자의 이름이 나오는 것으로 보아 권번 소속의 기생이다.

그녀는 1936년 뉴코리아 레코드사에서 데뷔하여 포리돌 레코드사와 오케 레코드사에서도 활동했다. 데뷔할 때 부른 〈초립동〉은 신민요 스타일의 작품으로 대중에게 깊은 인상을 주어 이 노래를 배우려는 사람들이 전국의 레코드 상점 앞에 모일 정도였다고 한다. 이화자가 부른 노래는 총 125곡인데, 신민요 75, 유행가 40, 만요 2, 경기잡가 1, 주제곡 1, 곡종 표기가 없는 것 4, 자서곡 1 등이라 한다.

그녀의 노래를 통해 일면을 엿볼 수 있다.

철석간장(鐵石肝腸) 녹여 주고 가는 것을 물어보자

피눈물 목이 멜 때 기적이 뚜뚜뚜뚜

허풍선(虛風扇)이 사랑 속에

속아서 맺은 정이로구나

오냐 오냐 잘 가거라

천금 같은 내 청춘에 이별이란 웬말이냐

떠나는 화륜선(火輪船)에 물결이 출렁

● 장유정, 「1930년대 기생의 음악 활동 일 고찰─대중가요 가수를 중심으로」, 『민족문화논총』 30집, 2004.

내 품속에 울던 님아

마음이 변해 원수로구나

오냐 오냐 잘 가거라

화륜선아 잘 가거라 만경창파(萬頃蒼波) 잘 가거라

몸부림치며 울 때 바다가 쩽 쩽

화류(花柳) 신세 계집애도

사랑이 있어 병이로구나

오냐 오냐 잘 가거라

—이화자, 〈화륜선아 가거라〉(1940)

　이별에 대응하는 화자의 모습은 "피눈물 목이"메고 "몸부림치며 울"음으로 나타나고 있다. "내 품 속에 울던 님"이기에 "철석간장" 같은 마음이 흔들렸지만, 그것은 "허풍선이 사랑" 또는 "속아서 맺은 정"이었다. 그래서 임과 함께 보낸 "천금 같은 내 청춘"이 아깝기만 하다. 그래도 혹시 임의 마음이 돌아설까 "몸부림치며 울"어도 봤지만 소용없는 일이었다. 이별의 수단으로 등장하는 화륜선이 마냥 밉기만 하지만 돌이킬 수 없는 상황이다. 무엇보다 화자에게 이러한 애정이 예정될 수밖에 없었던 것은 화류 출신의 여성("화류 신세 계집애")이었기 때문이다. 떠나는 임의 뒷모습을 보면서 "사랑이 있어 병이로구나" 또는 "오냐 오냐 잘 가거라"며 자신의 처지를 합리화할 뿐이었다. 결국 화류 여성을 통한 일방적 관계의 정서를 드러내는 노래이다.

꽃다운 이팔 소년 울려도 보았으나
철없는 첫사랑에 울기도 했더란다
연지와 분을 발라 다듬은 낙화(落花) 신세
마음마저 기생이란 이름이 원수다

점잖은 사람한테 귀염도 받았으며
나 젊은 사람한테 사랑도 했더란다
밤늦은 인력거에 취하는 몸을 실어
손수건 적신 적이 몇 번인고
이름조차 기생이면 마음도 그러냐

빛나는 금강석을 탐내도 보았으며
겁나는 세력 앞에 아양도 떨었단다
호강도 시들하고 사랑도 시들해진
한 떨기 짓밟히운 낙화 신세
마음마저 썩는 것이 기생의 도리냐
　　—이화자, 〈화류춘몽〉(1940)

　　젊은 기생일 때에는 첫사랑에 울기도 하고 귀염도 받았지만, 결국에
는 사랑에 실패할 수밖에 없었던 것은 화자 자신이 밝히고 있듯 "기생
이란 이름이 원수"이기 때문이다. "기생이란 이름이 원수다"라는 대목
은 사랑의 실패 원인을 기생에서 찾는 데에 그치는 게 아니라 여전히

그것을 자신의 운명으로 받아들일 수밖에 없기에 복합적인 심사를 담고 있는 진술이다. 그리고 이런 진술은 "기생이면 마음도 그러냐" "마음마저 썩는 것이 기생의 도리냐"로 확장된다. 귀염과 사랑을 받을 만한 행동을 하면 일반인들은 그것을 진심으로 받아들이지 않고 단순히 기생의 기능으로 여기기에, "기생이면 마음도 그러냐"며 반문하고 있는 것이다. 이렇듯 노래의 화자가 타인이나 자신을 향하여 원망 투의 진술을 함과 동시에 화류를 향한 타인들의 부당한 시선까지 의식하고 있었던 것은 여타의 기생 출신 가수들과 변별되는 점이라 할 수 있다.

누군가를 사랑하거나 호의를 베풀거나, 금강석을 탐하거나 권력 앞에 아양을 떠는 자가 일반인이었다면 예사롭게 넘어갈 일이지만, 행위의 주체가 기생이라면 그것을 온전히 받아들이지 않는 시선이 존재했던 것이다.

> 작난감 인형과 갓치 동물원에 원숭이나 앵무새갓치 미물이나 물건으로 취급하는 까닭에 이런 무리한 요구를 것침읍시 하시는 것임니다. 이것은 큰 잘못이시지요. 암만 우슴과 노래와 고기를 파는 기생이라 하기로서니 엇지 성명조차 읍겟스릿가.●

최초의 기생 잡지 《장한(長恨)》에 실린 어느 기생의 글이다. 자신들을 인형이나 앵무새 또는 물건으로 취급하는 데 대한 불만을 드러내고

● 김난홍, 「기생생활이면」, 『장한』, 1927.

있다. 기생이기 이전에 인간이니 인간으로서 보아 달라는 진술이다. 인간으로서의 존엄까지 요구하는 듯한 "엇지 성명조차 읍겟스릿가"는 앞의 〈화류춘몽〉에서 본 "마음마저 기생이란 이름이 원수다" "이름조차 기생이면 마음도 그러냐" "마음마저 썩는 것이 기생의 도리냐"의 또 다른 표현이었다. 결국, 이화자의 〈화류춘몽〉은 화류 여성을 통한 일방적 관계의 정서를 온전히 드러내고 있는 셈이다.

이화중선(李花中仙)

　　　　　일본 기생보다도 일본 소리를 잘해 일본인의 인기를 끌었다는 인천 기생이다. 다만 일제강점기에 임방울(林芳蔚)과 함께 음반을 가장 많이 녹음한 여류 명창 이화중선(1898~1943)과는 동명이인이다. 여류 명창 이화중선의 경우, "12~3세 때부터 국창 송만갑에게 노래를 배워 협률사에 가담하여 각처로 순회를 하며 노래한 이 금년 어느덧 30여 세가 되었다"(《매일신보》 1935. 1. 25. 〈名唱大會臨迫 人氣漸沸騰〉)는 기사를 통해 보더라도 인천에서 활동하던 이화중선과는 다른 이이다. 여류 명창 이화중선이 유명하다 보니, 당시에 기생들의 기명(妓名)에 '花中仙'이 많이 등장하였다. 김화중선, 한화중선, 박화중선, 신화중선 등을 신문 기사에서 확인할 수 있다.

　이화중선이 인천 축항사에서 공연했다는 기사가 있는데(《조선일보》 1921. 4.), 이때 공연했던 이는 여류 명창 이화중선인 듯하다.

김영애(金英愛)

　　　　　인천 용동 인화권번의 기생이다. 경성여자상업학교를 졸업한 그녀는 동경에서 음악 공부를 하다가 고향 서울로 돌아왔다. 이후 가세가 빈곤하여 기생을 업으로 삼았다고 한다. 이에 대해서는 《조선중앙일보》(1935. 3. 20.)에 나타나 있다.

　　인천부 용동 인화권번에 있는 기생 김영애(金英愛)는 근일 춘궁에 빠져 먹고 입을 것이 없어서 방황하는 궁민(窮民)들의 비참한 광경을 보고 그날그날 웃음과 소리를 팔아 모아 놓은 그 시간대(時間代) 중 28원으로 쌀과 옷감을 끊어 부내 송림리에 사는 궁민들에게 소량에 분배하여 주었다는바 일반의 칭송이 자자하다 하며, 그는 일찍 경성여자상업학교(女商校)를 졸업하고 음악을 배우고자 동경에 건너가 음악학교에 입학하여 2년간 배우다가 결국 학자 문제로 다시 고향인

김영애의 선행을 알리는 신문 기사
《조선중앙일보》 1935. 3. 20.)

경성으로 돌아와 그날그날의 세월을 보내던 중 가세가 더욱 빈한해
져서 할 수 없는 사정에 이르러 기생 노릇을 시작하였다 한다.

오향선(吳香仙)

용동권번 기생으로 권번장을 맡았다. 여느 기생들처
럼 연주회에 참여하여 그 수익금을 희사하였다. 《매일신보》(1926. 11.
29.)에 따르면, "30여 명 용동 예기 전부가 만장한 관객 前에 나타나서
吳香仙의 代表禮辭로 첫 인사를 告하야 환호를 受"하였다고 한다. 이
후 권번의 공동 수장으로서 관선으로 권번장을 뽑은 것에 대해 거부하
는 진정서를 경찰서 보안계에 제출했다는 기록이 있다.(《매일신보》
1927. 10. 14.) 이후 동포 위문을 위한 동정금을 송금하기 위한 위원으로
서 주명기, 곽상훈 등과 이름을 나란히 하였다.(《중외일보》1928. 1. 15.)

흔히 오향선을 배우 류신방으로 여기고 있으나, 신문에 나타나는 각
각의 활동상을 비교해 보면 권번장 오향선과 영화배우 류신방은 동일
인이 아닐 가능성이 크다.

류신방(柳新芳, 1904. 5.~?)

류신방은 인천의 술집에 놀러 온 나운규(羅雲奎)를
만나 그의 연인이 되고, 영화 〈사나이〉에 출연한다. 《삼천리》1937년 1
월호에 실린 나운규의 대담을 통해 확인할 수 있다.

- **문**: 〈사나이〉는 어떤 것이던가요.
- **답**: 돈 가진 집안 자식이 아버지에 불평을 품고 뛰어나와 활동하는 것인데 여러 가지 장애가 있어 실패하고 만 작품이 되었지요.
- **문**: 여자 스타는 누구였던가요?
- **답**: 류신방이라고, 새로 나온 이지요. 인천에 놀러갔다가 내가 발견했지요. 인천서 기생 노릇을 하던 여성입니다. 그러나 어느 여자고보(女子高普)를 마친 인텔리 여성이었지요. 문학을 좋아하여 스스로 붓을 들어 시도 짓고 극도 쓰노라 하였고 풍모도 교양이 있느니만치 인텔리의 근대적 여성으로 보였지요.
- **문**: 나이는?
- **답**: 그때 스물세 살.

류신방이 출연한 영화는 모두 나운규가 감독한 영화로 〈사나이〉(1928), 〈벙어리 삼룡〉(1929), 〈아리랑 후편〉(1930) 등이다. 그에 대한 평가는 부정적인데, 류신방의 이름을 직접 거론하지 않으면서 "류방향(익명)이라는 여자, 그때 영화배우로서 제일 얼굴과 체격이 좋았고 언뜻 보기에도 어딘지 깊숙이 끄는 데도 있겠지만 또 파탈하고서 맘껏 놀 수도 있는 여자다. 나 씨는 이 여자로 해서 그의 성격의 변화를 일으키지 않았던가. 이때로부터 예술가로서 불타는 제작욕보다 인생의 향기를 찾아 헤매게 되는 동안 그는 돈 쓰는 게 거칠어지고 이 거칠어진 돈 쓰는 방법은 나 씨 이후의 영화계의 한 풍속이 되어서 결국 나 씨는 조선 영화계의 큰 은인이면서도 지금까지 똑똑한 영화 기관이 없는 그

원인을 추궁한다면 나 씨가 책임을 져야 할 과실도 된다. 젊은 여자 류방향은 조선 영화의 요화(妖花)였다"(《조선일보》1940. 2. 16.)고 한다.

소설가이자 영화배우였던 심훈(沈熏, 1901~1936)도 류신방에 대해 유사한 평가를 내린 바 있다. "나운규 군의 적발(摘發)로 인천 기원(妓園)에서 뛰어나와 〈사나이〉, 〈벙어리 삼룡〉 등에 나왔다가 다시 환원하였다고. 독부(毒婦) 역(役)으로 쓸 만한 사람이었다.(《동광》1931. 7.)"고 지적하였다.

류신방과 나운규의 연애는 요란했던 것 같다. "〈벙어리 삼룡〉을 찍던 시절, 카메라를 잡히고 돈을 뽑아 당시 애인이었던 인천 기생 류신방과 인천 송도에서 해수욕을 했다는 에피소드도 유명하다"고 밝히고 있듯이, 나운규는 영화에 쏟아야 할 열정과 집념, 시간과 돈을 류신방과의 연애에 쏟아부었다. 이후 "류신방 양은 영화를 떠나 지금은 금강산에서 삭발 위승(爲僧)으로 속세를 단념하시고 염불을 하시면서 쟁화(淨化) 길을 닦고 계"신다는 〈독자의 질문에 대한 답변 기사〉(《삼천리》1932.)가 그에 대한 마지막 기록이다.

박미향(朴美香)

인천부윤(仁川府尹)이 배설한 환영연에 참여했던 기생이다. 부윤이 주최한 연회이니만큼 용동권번 소속의 기생으로 추측된다.

이태운(李泰運)의 〈朝鮮妓生에게 붓잡힌 中國巡洋艦 이야기〉(《별건곤》1931. 8.)에 따르면, "지난 6월 18일에 중화민국(中華民國) 동북의 주권자 장학량(張學良) 씨 권세 아래에 있는 청도사령부 소속 순양함(巡洋艦) 해침(海琛)이 인천항에 도착하여 인천부윤(仁川府尹)이 배설한 환영연이 있었다. 오랫동안 바다 가운데에서 험한 파도와 거친 물결과 싸워 오던 그네들도 이국의 그윽한 정서에 취하여 권커니 잣거니 하는 오고가는 술잔이 기울어졌을 때에 그중에 부함장으로 있는 조수지(曹樹芝) 중교(中校)(중교는 중좌 격)의 눈에는 기모노 입은 일본 기생보다도 백의의 조선 기생에게로 마음이 쏠리기 시작하여 그중에는 박미향이라는 기생에게 마음이 움직이게 되었다. 둥글고도 기름한 얼굴이 무엇보다도 정다워 보였으며 소리 없이 웃는 미향의 웃음은 말할 수 없는 매력을 가지고 조수지 장교의 마음을 사로잡고 말았"다고 한다. 그 후 중국 장교는 미향을 함상으로 초대해 "선교루(船橋樓)에서 미향을 귀빈으로 대전하여 쌍나팔을 불어 함례(船禮)까지 하여 주었다. 그리고 배가 떠나기 전날인 25일은 이른 아침부터 미향의 집을 찾아가서 그날 밤이 지나고 그 이튿날 새벽까지 만단설화(萬端說話)를 하여 가며 사랑을 호소하다가 굳은 포옹으로 애끓는 최후의 작별을 지우고 중국 청년 장교 조수지는 인연 깊은 인천을 멀리 두고 떠나게 되었다"고 한다. 📨

4장

- 전국에 등장하는 화중선(花中仙)
- 기생 재상 혹은 기생 실업가

기명(妓名)과 화대(花代)

수입이 없는 기생들은 수입을 올리기 위해

또 다른 모색을 해야 했다.

권번을 통해 놀음을 나가는 일에만 매달리지 않고,

카페나 바 등의 신흥 술집으로 시선을 돌려야 했다.

혹은 "부호의 쎄컨드가 된다면 행(幸)이지만

대개는 려관업 하는 음식점 하는 ××들의

그것이 되는 것"이라고 한다.

전국에 등장하는 '화중선(花中仙)'

기생은 기명(妓名)으로 자신을 나타낸다. 기생이 되기 전에는 부모가 지어 준 이름을 사용하다가 기생 수련을 받고 난 후에는 기명이 원래 이름을 대신한다. 기명은 해당 기생의 가무악을 비롯해 기생의 생활 전반에 영향을 끼치는 가모(假母, 혹은 행수)에 의해 부여된다. 가모가 수련생들에게 기명을 부여함으로써 기생들은 새로운 세계로 들어선 것을 인식하고 수련을 받았다. 흔히 모권적(母權的) 전통이 남아 있는 기생과 무녀 사회에서는 새로운 이름으로 활동하는 게 일반적이다.

'화중선(花中仙)'이라는 기명은 특정 기생만 소유권을 주장할 만한 이름은 아니다. '꽃 속의 신선(花中仙)'은 전국의 기생들에게 선호도가 높았던 이름이었다. 흔히 기생을 해어화(解語花)라 하기에 꽃[花]이 들어간 것이고, 게다가 꽃들 가운데 신선(神仙)이 있다는 '화중선'이니 기생들이 기명으로 삼고 싶은 이름이다.

'화중선'이라는 기명은 전국적으로 나타난다. 단순히 뭉뚱그려 기생으로 나타나는 게 아니라 《매일신보》 기사 내용을 검토하면 크게 세 가지로 나타나는데 창기(갈보), 일반 기생, 예인이 그것이다.

화중선이는 좀처럼 얻어볼 수가 없다는데 후견인이 너무 쫓아다니는 것이 걱정이라고(《매일신보》 1913. 8. 7.)

최근 화류계 소식을 알리면서 '갈보 사냥'이라는 부제를 달고 화중선의 근황을 알리고 있다. 갈보 이외에 창기라는 표현으로도 등장하는 '한화중선'이 쥐약을 남자와 음독하다가 정사 미수(情死未遂)로 끝났다는 기사(1928. 2. 5.)에도 '화중선'이라는 기명이 나온다.

1914년 《매일신보》가 1년 동안 〈예단 일백 인〉이라는 연재물을 다루었다. 거기에 소개된 예술인 중 8명의 남자 예인을 제외한 나머지가 모두 기생이다.

률을 못하나, 소리를 못하나 춤을 못 추나 술을 못 먹나, 태도가 없나, 백기가의 구비함은 가히 여중호걸이요, 화중신선이로다.(《매일신보》 1914. 2. 1.)

화중선을 소개하는 〈예단 일백 인〉 기사의 일부이다. 율·소리·춤·술·태도 등을 구비했기에 여중호걸이라 한다. 그녀는 11세의 아이를 둔 30대의 기생으로, 전라도 화순이 고향이기에 집에서는 화순댁이고

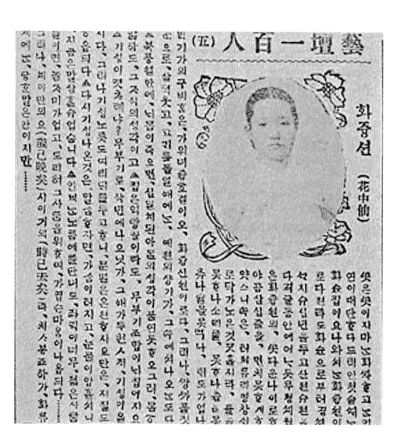

화중선을 소개한 〈예단 일백 인〉 기사(《매일신보》 1914. 2. 1.)

나와서는 화중선으로 불렸다. 그녀는 인터뷰 말미에 "노름(놀음)에 다녀도 좌객이 너무 젊은 사람들이면 놀 재미가 없고 도리어 그 사람을 위하여 가엾은 마음이 나온다" 할 정도로 노회한 기생이었다.

그 밖에도 '놀이'에 갔다가 자신의 금비녀〔金簪〕를 잃어버렸다는 김제의 이화중선(1921. 5. 12.), 서화전(書畵展)에 작품을 내서 전주권번을 빛냈다는 박화중선(1928. 5. 1.), 화대(花代)를 받으려고 군수에게 진정

서를 넣은 춘천의 이화중선(1930. 11. 16.), 청진권번에서 시간 성적 우
등 상품을 받았다는 최화중선(1936. 5. 10.)이 있었다.

인천과 관련해서는 인천공회당에서 열린, 인천 소성권번 주최의 조
난 동포를 위한 연예회에 참석했던 신화중선(1931. 11. 23.), 인화권번
에서 어린 기생들의 삭회를 연 뒤 신문사에 보낸 의연금의 기부자 명
단에 오른 신화중선(1936. 9. 12.)이
있었다.

12~3세 때부터 국창 송만갑(宋萬
甲)에게 노래를 배워 협률사에 가
담하여 각처로 순회를 하며 노래를
한 이 금년 어느덧 30여 세가 되었
다 하며 박타령이 가장 장기라고
(《매일신보》 1935. 1. 25.)

일제강점기 때에 임방울(林芳蔚)
과 함께 음반을 가장 많이 녹음한
여류 명창 이화중선(1898~1943)에
대한 소개 기사이다. 남원 출신의
그녀는 이미 '일류 명창대회'와 관
련된 기사에는 늘 송만갑과 함께
등장(1927. 4. 13.)하던 당대의 예인

소성권번 주최 의연(義捐) 연예회 소식
기사(《매일신보》 1931. 11. 23.)

이었다.

　이상으로 '화중선'이라는 기명을 통해 창기(갈보), 일반 기생, 예인의 경우를 살펴보았다. 하나의 이름이 기생들의 활동 일반과 결부되어 있었음을 알 수 있다.

기생 재상
혹은
기생 실업가

　　기생에게 사치는 기생 노릇을 온전히 하기 위한 방편이다. 자기만족을 위해서 그런 것도 일부 있었겠지만, 그보다는 타인들의 시선을 의식해야 할 처지이기에 사치를 부려야만 했다. 기생의 사치는 일반인이 쉽게 경험할 수 없는 것으로, 그들에게 호기심을 일으키는 첫인상에 해당한다.

　그런데 모든 기생이 같은 수준의 사치를 부린다 하더라도 타인들의 시선이 동일한 것은 아니었다. 겉으로 드러나는 사치 이외에 기생으로서 갖추어야 할 가무악(歌舞樂)의 수준에 따라 시선이 집중되기도 하고 그렇지 않기도 하였다. 사치스러운 겉모습보다는 기생 노릇 제대로 할 수 있도록 소양을 갖추는 게 중요했다.

　시선의 집중 여하는 기생들의 수입과 직결되었다.

　연주회에 청인 복색을 하고 서양 춤을 춘다는 주학선(鶴仙)이가 작년 1년 동안에 요리점 수입으로 2,280원을 벌어서 일등 …… 이산호주(珊瑚珠)가 1,800원을 벌었고 …… 칠등까지 상금 탄 기생은 모두 1,000여 원을 벌었는데 …… 조합 비용으로 그 비용의 십분지일을 제하고 …… 황송한 비교이지마는 중추원 고문님네들이 한 달에 133원 33전이라는 수당보다는 많기가 60여 원이라. 기생의 수입이 재상님네보다는 더 많으니까 이제는 기생 재상, 기생 실업가라는 새 문자도 미구에 생길는지 모르겠다.(《매일신보》1918. 2. 15.)

기생의 수입에 관한 기사이다. 중추원 높은 벼슬아치가 받는 월급 133원 33전보다 60원 가량 더 수입을 올리는 기생이 있기에 기생 재상(宰相)이나 기생 실업가(實業家)라는 신조어가 등장하리라고 한다. 그런데 같은 기사의 첫머리에 "요리점에서 드러내 놓고 말하는 받아오는 것으로 부업은 포함 안 된 경우"라는 표현이 있는 것으로 보아, 부업을 포함하면 기사에 나타난 것보다 훨씬 많은 수입을 올렸을 터이다.

여타 직종에 비해 기생 수입이 지나치게 많다는 기사는 흔히 발견할 수 있다. 〈말라 가는 이 땅에도 기생들만은 풍성—조선서 제일 잘 버는 사람이 누구냐, 먼저 손 들고 나설 사람

기생 수입의 과다를 꼬집는 신문 기사(《매일신보》1931. 2. 13.)

은 기생들뿐〉(《매일신보》 1931. 2. 13.)이라는 기사가 있다. 한성권번의 김산호수는 5,886원. 그다음으로 조선권번 현매홍(玄梅紅)은 5,058원의 수입을 올렸다고 한다. 하지만 모든 기생이 다 그렇지는 않았다. 한성권번 유송월과 안롱월의 수입을 소개하면서 "가엾고도 우습고 기막힌 것"으로 시작하여 그들의 1년 동안의 총수입이 각각 14원 30전과 11원 70전이었다고 마무리하고 있다.

1930년대 쌀값에 견주어 보면 인기 있는 기생들의 수입이 대단히 컸다는 것을 짐작할 수 있다.

> 특등 백미 1킬로 26전이 25전 5리요, 일등 백미 1킬로 25전이 24
> 전 5리로 …… 쌀값이 내렸다.(《동아일보》 1936. 7. 29.)

특등 백미와 일등 백미의 가격을 통해 보건대 기생들의 벌이가 '기생 재상' 혹은 '기생 실업가'라는 수식이 생길 정도로 일반 직종보다 좋았다는 것을 알 수 있다.

여타 직업에 비해 기생들의 수입이 많았다는 것은 그들의 대담을 통해 확인할 수 있다. 〈여고 출신인 인텔리 기생·여우·여급 좌담회〉(《삼천리》 1936. 4. 1.)에서 무희(舞姬)로 국내외에서 활동하던 김설봉은 벌이가 적을 때가 300원, 수원에서 수년간 교편을 잡다가 기생이 된 김한숙은 "600~700원 넘는 이도 수두룩하"다면서 그것이 교사 월급의 15배에 이른다고 한다. 카페에서 여급으로 있던 조은자는 "보통 100원이 되어요. 그러기에 동생을 여학교에 보낼 학비는 되는 터이지요"

라고 고백한다.

하지만 무희와 기생, 여급의 수입은 그들을 선호하는 사람들에 의해 결정되는 것이었다. 큰 수입을 올리는 기생은 선호도가 높은 몇몇뿐이었다. 예컨대,《삼천리》(1934. 6. 1.)에 따르면 평양 기성권번에 소속된 기생은 모두 252명인데, 그중에서 휴업 상태에 있는 기생 45명을 뺀 나머지 207명이 기생으로 기능했다고 한다. 207명의 기생 중에서 하룻밤에 호출을 받는 횟수는 1회가 66명, 2회 47명, 3회 이상이 21명이었다. 3회 이상 호출을 받는 기생은 전체 기생의 약 10%이다. 그런데 하룻밤에 1회의 호출도 받지 못하는 기생이 71명인데, 이들에 대해 "못 불니는 기생은 공연히 곱게 화장만 하고 안젓다가 시름업시 독수공방에 홀노 자게 된다"고 표현하고 있다. 1회도 호출을 받지 못하는 기생이 전체 기생의 34%이다. 여기에 휴업 상태에 있는 기생 45명을 더하면 116명인데, 이는 기성권번 소속의 기생 중에서 46%가 아무런 수입도 올리지 못하고 있다는 것을 의미한다.

수입이 없는 기생들은 수입을 올리기 위해 또 다른 모색을 해야 했다. 권번을 통해 놀음을 나가는 일에만 매달리지 않고, 카페나 바 등의 신흥 술집으로 시선을 돌려야 했다. 혹은 "부호의 쎄컨드가 된다면 행(幸)이지만 대개는 려관업 하는 음식점 하는 ××들의 그것이 되는 것"이라고 한다. 여기서 ××는 긍정적 시선으로 볼 수 없는 사람들을 지칭하는 것이다.

…… 지난 12월에는 50명의 기생의 화대 시간이 2,872시간에 화

태평양전쟁 발생 이후 기생 수입의 변화를 짚은 신문 기사(《매일신보》1942. 2. 17.)

대로는 3,734원 25전이던 것이 지난달에는 50명의 기생 중에서 화대 시간으로는 3,883시간에 돈으로는 5,048원 55전밖에 안 된다. 이를 작년 정월달과 비교하면 작년 정월에는 기생 85명에 화대 시간이 14,511시간에 화대가 18,864원이나 되었다. 이로 보면 부민의 자숙도 본볼 만큼 되었으나 기생들의 월수입을 보면 한 달에 한 사람이 겨우 77원의 수입밖에 안 되어 비명을 부르짖는 현상이라 한다.(《매일신보》1942. 2. 17.)

태평양전쟁(1941. 12. 8.)이 일어난 후, 기생 수입을 통해 인천부민의 자숙상(自肅相)을 살핀다는 기사이다. 기사에 나타나는 기생의 수입을 계산해 보면, 1941년 12월의 기생 1인당 월수입은 74원 69전이었고, 1942년 1월의 기생 1인당 월수입은 100원 97전이었다. 이는 1년 전 기생 수입의 절반도 되지 않는다. 1941년 1월의 기생 85명이 받은 화대는 총 18,864원으로 기생 1인당 월수입 222원 정도였다.

5장

- 인천 부도정 유곽

- 용동 카페와 바(bar)로 몰려드는 야유랑(冶遊郞)

- 화류병

일제하의
인천 화류계

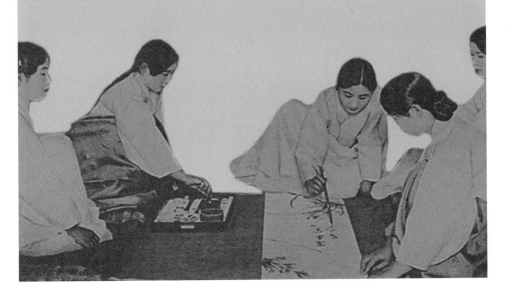

화류병은 특정인의 문제로 머물지 않고

사회 전체의 문제로 확산되기에 이에 대한 경계와

주의는 어느 때건 계속되었다.

하지만 화류병에 감염된 것은 자랑할 만한 일이 아니었기에

감염자는 공적(公的) 치료를 멀리하고

민간요법이나 사술(邪術)에 기대어 치료하려 했다.

인천
부도정 유곽

유곽(遊廓)은 매음을 목적으로 하는 공간을 말한다. 돈이나 특정한 대가를 받고 성적(性的)으로 상대하는 행위를 매음이라 하는데, 이를 가능하게 하는 공간이 유곽이다. 단순히 매음에 한정된 게 아니라 '술'과 '요리' 등이 한데 묶여 있었다. 그래서 이런 곳을 '특별요리점'이라 불렀다.

『일조교통사(日朝交通史)』(1916)에서 그간의 경위를 다음처럼 설명하고 있다.

당초 부산의 專管居留地區는 현시의 西町(신창동), 幸町(동광동) 以東에 한했고 그 둘레는 높은 장벽으로 둘러싸인 이른바 관내로서 거류민은 함부로 바깥 즉 관외로 나가는 것이 허용되지 않았다. 그 내외 경계선에는 작은 도랑이 있어 오늘날에도 남아 있다. …… 당시의 관리관은 명치 35년(1902) 7월 24일 자로 이 관외 지역을 한정하여 특별요리점의 영업을 허가하였다. 특별요리점은 매춘부를 객석에서 시중케 하는 것, 즉 일본 內地의 貸座席이다. 이것이 유곽의 기원이며 맨 처음 개업한 것은 上野安太郎의 安樂亭이었다. 이어서 第一樓, 菊福樓, 菊水樓 등 부평정 一丁目에 이른바 지옥골목을 중심으로 개업하는 자가 속출하여 동년 11월에는 7戶가 되고 그 藝娼兼營婦는 실로 280명이나 헤아리게 되었다.

1902년 7월 24일 자로 부산의 특별요리점이 영업을 개시하였다. 특별요리점은 "일본 內地의 貸座席"으로 불리는데 이는 '몇몇 창기(娼妓)를 고용해 놓고 성교를 희망하는 남자들에게 방과 기녀를 함께 제공하여 대가를 받는 음식점'을 가리킨다. 대좌석(貸座席)이 유곽의 기원인데, 그것이 영업을 시작한 지 100일 만에 예창겸영부(藝娼兼營婦)의 수가 280명에 이를 정도로 영업 활동이 활발했다고 한다. 같은 해 12월 인천, 1903년 원산, 1904년 서울에 유곽이 생긴 것도 부산의 경우와 별반 다르지 않았다.

유곽의 설치는 일본 거류민의 성병 확산을 방지하고 주둔군의 안전한 성을 확보하기 위한 것이었는데, 그 배후에는 해당 지역의 도시 기반을 구축하려는 일련의 의도, 즉 해안을 매립하고 도로를 개설하고 수도를 설치하는 등의 비용을 세금을 통해 확보하려는 의도도 숨어 있었다. 성병 관리와 세금 징수의 편의를 위해 유곽을 특정한 공간에 모아 두어야 했다.

인천의 다소면(多所面) 선창리(船倉里)에 일본인 거류지가 있었는데,

1902년 이사청령(理事廳令)에 의거 거류지 안의 특정 공간에 유곽지를 지정하였다. 17개의 음식점이 각각 800원씩을 출자하여 부도루(敷島樓, 현재의 선화동)라고 명명하고 영업을 한 게 그것이다. 1902년 12월 6일 개업할 때까지 총비용 3만 5천 원이었는데, 3일 동안 3백 원의 수입을 올릴 정도로 활황을 맞았다. 부도유곽 안에 일본인 창기는 106명, 조선인 창기는 32명이 있었다.

우리 국민들이 출입하는 곳에는 그 문에 賞花家라 써 붙이고 외국인에 매춘하는 곳에는 賣淫家라 붙이게 하였으나, 이는 그대로 실천되지 못했다. 인천항에 桃花洞이라는 곳이 있어 온 마을이 모두 賣淫家로서 외국인 蕩客들이 돈을 들고 찾아와 대문을 두드리니 흡사 장사치가 물건 사라고 소리 지르는 것과 같다는 것이다.

『매천야록(梅泉野錄)』의 일부분이다. 인천의 도화동은 화개동을 지칭하는 것 같다. 일본인에게 인천을 알리려는 목적으로 편찬한 『신찬인천사정』(1898)에서는 '華開洞の夜色(화개동의 야색)'을 인천팔경의 하나로 소개하고 있다. 여기서 화개동은 敷島町(현재의 신선동)과 花町(현재의 신흥동)이 통합되기 전의 동명(洞名)이다. '화개동'이 '갈보(蝎甫)'를 연상케 하는 공간으로 설정되어 있는 『모란병』(이해조, 1911)과 『해안』(최찬식, 1914)을 통해서도 야색과 밀접한 동네라는 점을 짐작할 수 있다. 이후 1911년 화개동 유곽은 부도유곽(敷島遊廓)으로 통합되었다.

시집을 간 지 몇 달 안 되어 서방을 버리고 인천 화개동으로 도망을 하였다고 어른들이 모여 앉으면 괴악한 년이니 저의 부모 낯 깎이는 년이니 하시더니 저것이 여기 있을 때는 여기가 필경 화개동인가 보다.

—이해조, 『모란병』

일력루(一力樓) 기둥

벽도가 시집살이에서 뛰쳐나와 화개동으로 갔다는 소문을 들은 금선이가 지금 자기 있는 곳이 화개동 색주가(色酒家) 즉 인천의 사창가라고 추론하는 장면이다. 그 밖에도 『모란병』에는 인신매매 과정, 기생으로 만들기 위한 소리 수업 및 개명(改名) 작업 등이 상세하게 나온다. 벽도가 화개동 사창가에서 술 시중 드는 모습을 통해 당시의 삼패 기생이 어떻게 영업을 했는지도 엿볼 수 있다.

유곽의 상호가 일본의 경우 입선상반루(入船常盤樓), 환산루(丸山樓), 일월루(日月樓), 일력루(一力樓), 신부루(新富樓) 등이고 조선의 경우 봉춘루(逢春樓), 대흥루(大興樓), 송학루(松鶴樓), 길행루(吉幸樓) 등이었다. 유곽의 상호가 '~루(樓)'였기에 그곳에서 하룻밤

을 보내는 것을 '등루(登樓)'라 불렀다. 등루에 따른 폐해는 이른바 화류병(花柳病)에 감염되는 것이었다. 그래서 부도유곽 안에 병원을 설치하고 창기(娼妓)에 대한 건강검진을 정기적으로 실시했다.

앞 페이지 사진의 돌기둥에는 "敷島一力樓納之"라 새겨져 있다. 일본 진언종(眞言宗) 편조사(遍照寺)가 있던 곳에서 발견된 돌기둥이다. 돌기둥의 위치와 내용으로 보아 부도유곽에서 영업하던 일력루(一力樓)에서 사찰의 출입문과 기둥을 시주하면서 그 내용을 기둥에 새긴 것으로 파악하고 있다.

『인천부사』(1933)에 따르면 당시 일본인 기루 10곳(창기 78명), 조선

●『인천광역시립박물관 소장유물도록』, 2014, 263면.

인 기루 22곳(창기 84명)이 영업을 하고 있었다. 계약 내용을 보면 일본인 창기는 5년 계약에 최고 1,500원 최저 700원이었지만, 조선인 창기는 5년에 최고 700원 최저 200원으로 책정되어 있었다.

한편 1908년 만석동에 특별요리점이 들어섰고, 3년 후 그곳에 묘도 유곽(猫島遊廓)이 생겨 13명의 조선인 창기가 영업을 하였다. 괭이부리(猫島) 위의 언덕에서는 근강팔경(近江八景)을 감상할 수 있었기에 그곳에 있던 정양여관을 '팔경원(八景園)'이라 불렀다. 묘도에서는 요리와 경치 완상, 숙박과 매음(賣淫)이 동시에 가능했다.

〈풍성풍성한 인천 유곽 경기〉(《동아일보》 1938. 2. 24.)라는 기사에 따

유곽 경기의 호조를 알리는
신문 기사(《동아일보》 1938. 2. 24.)

르면, 일본 내지인 유곽의 경우에 내지인 입객 17,960명이고 수입 182,506원 70전, 조선 사람 입객은 368명이고 수입 4,741원 34전으로 내지인과 조선인이 총 187,248원 4전을 소비하였다. 조선인 유곽의 경우 조선 사람 입객은 24,406명이고 일본 사람 입객은 4,953명, 외국인 입객은 30명으로 총수입은 114,099원이었다고 한다. 이를 도표로 나타내면 다음과 같다.

국적별	입객	수입	기타
일본인 유곽	조선인	368명	4,741원 34전
	일본인	17,960명	182,506원 70전
조선인 유곽	조선인	24,406명	114,099원
	일본인	4,953명	외국인 입객인은 30명

일본인 유곽에서 국적별로 1인당 소비한 액수는 일본인이 10원 16전, 조선인이 12원 28전이었다. 조선인이 일본인에 비해 비용을 더 지불해야 했다. 일본 내지인 유곽은 일본인 출입률이 98%, 조선인이 2%일 정도로 일본인을 상대로 영업을 하고 있었다. 조선인이 내지인 유곽을 가는 경우, 조선인 유곽보다 약 4배 비싼 경비를 지불해야 했다. 조선인 유곽은 조선인 출입률이 83%, 일본인이 16.9%, 외국인이 0.1%였다. 그들은 조선인 유곽에서 1인당 3원 88전을 소비하였다.

1935년 인천부의 인구(82,997명) 중에서 조선인이 67,126명(남자 34,657명, 여자 32,469명)이고 일본인이 13,359명(남자 6,922명, 여자

6,437명), 그 외의 중국인과 만주국인을 비롯해 기타 외국인이 2,512 명이었다. 1938년도 일본인 유곽과 조선인 유곽의 입객인 수를 합하면 총 47,687명인데, 이는 앞의 인구통계를 기준으로 인천부 전체 인구수의 2분의 1을 훨씬 넘어서는 수치이다.

다음은 일어판 신문《조선신문》에 등장하는 부도유곽 소속 창기와 관련된 기사이다.

만취한 창기

열흘 남짓한 장마가 구름 틈새에서 잠시 멎었다. 비가 오다 말다 하는 18일의 황혼 무렵에 인천 미야마치(宮町) 주변을, 나이 40이 가까운, 좀 나이 많아 보이는 여자의 부축을 받으며 거나하게 취한 채 갈지자로 걷는 여자가 있었다. 딴에는 오가는 사람을 신경 쓰는 것인지, 유행가(俗歌)도 작은 소리로 부르며 시키시마(敷島) 방향으로 걸어오는 스물네다섯 정도 되어 보이는 ○머리의 시마다(島田)는 반쯤 몸가짐이 흐트러져 있었다. 누가 봐도 창기나 매춘부로 보였다. 그 여자가 바로 신시키시마도로(新敷島濤)의 창기 ○○○(25세)였으며, 그날은 나카마치(仲町) 언저리를 향하고 있었다.

쇼핑한다는 것을 핑계로 전부터 친숙한 해안에 계류한 어선을 방문하여 그 귀로에 모토마치(本町) 주변의 음식점에 걸터앉아 데운 술을 마셔가며, 10여 병을 순식간에 비우고 밖으로 나가니, 갑자기 취기가 돌아 거나한 것이 남의 눈을 꺼리지 않고 하녀의 부축을 받아 귀갓길에 올랐던 것인데, 일본공원 아래까지 왔을 때 목이 마른가

『경인화가(京仁花街)』에 소개된 부도루(敷島樓)

엽서에 등장한 괭이부리의 팔경원

일어판 《조선신문》의 〈만취한 창기〉 기사

싶더니 "맥주가 먹고 싶어" 하더니, 노점에 들어가 맥주병으로 나발을 불며 다 마시고, 큰숨을 쉬고는 가슴이 시원해졌다고 덥네~ 해 가며 지껄여 대기 시작했을 때 하녀가 시계를 보니 외출 허가 시간이 다 끝나 가고 있음에, 늦으면 큰일이라고 취한 키코요를 재촉하고 재촉하며 시키시마(敷島)를 가리키며 서둘렀는데, 길 가는 사람들이 웃으면서 "신지(新地)의 창기는 이런 애들이 많은가 봐?" 하며 수군거리고 있었다.(김석희 번역, 경희대,《조선신문》1913. 7. 21.)

신문 기사의 제목이 〈만취한 창기〉이다. 기사 내용을 보면 '외출 나온 부도유곽 소속 창기의 하루' 정도로 이해할 수 있다. 쇼핑을 핑계로 유곽을 빠져나온 창기는 정종 10여 병을 순식간에 비우고 이어 인천공원[인천여상]의 밑에 있는 노점에서 맥주를 사더니 그것을 나발을 불었다. 주변의 행인들은 아랑곳하지 않고 뭔가를 지껄이거나 혹은 유행가를 읊조리며 길을 걸었다. 술 취한 그녀에게 부도(敷島)로 돌아갈 시간이라며 채근하던 나이 먹은 여자도 있었다. 행인들은 "신지(新地)의 창기는 이런 애들이 많은가 봐?" 하며 수군거렸다.

외출을 나온 창기의 행동은 여타의 일반 사람들과 구별될 정도이다. 'ㅇ머리' 스타일을 하고 타인을 의식하지 않고 행동하기에 "누가 봐도 창기나 매춘부로 보였다"는 것이다. "늦으면 큰일"이라며 창기를 채근하고 있는 것으로 보아 부도유곽의 외출 및 복귀 시간이 엄격했음을 짐작할 수 있다. 창기의 옆에 있던 여자는 개인 비서가 아니라 창기의 도주를 막기 위해 유곽에서 딸려 보낸 감시자였다.

부도유곽이 사라지고 새로 들어선 신흥시장

용동 카페와 바(bar)로
몰려드는
야유랑(冶遊郞)

러일전쟁(1904~1905)에서 일본이 승리하자 일본인
들의 활동 영역이 확장되었다. 『인천부사』에 따르면, 전쟁 이후 전국
거류민장 회의가 처음 인천에서 개최되었는데 안건으로 조선 전신국
에서 일본 가나 문자로 전신을 취급하고 거류지에 사립 보세창고를 설
치하는 것 등이 있었다고 한다. 물론 일본 영사관의 업무가 극도로 늘
어났다는 기록도 있다. '전신'과 '창고' 그리고 '영사 업무의 증가'는
개항장에서 일본인의 활동이 활발했다는 것을 가리킨다. 실제로 1904
년 9,400명이었던 일본인이 다음 해 12,000명 1906년에는 13,000명
을 초과했다고 한다. 이후에도 일본인 거류민은 계속 유입되었다.

1931년에 인천의 전기 소비량이 최고조에 달하는데 이것은 정미업,
철공업, 인쇄업, 제분업, 제면업, 음료수 제조업 등의 생산능력과 무관
하지 않다. 각 업종별 생산의 증가는 소비의 확대로 귀결되는바, 상가
및 유흥가도 늘어났다. 유흥가는 본정통, 궁정통, 신정통에서 용동 및

유흥가의 확대로 인한 주민 불안을 전하는 신문 기사(《동아일보》 1931. 6. 4.)

경동 부근까지 확장되었다.

위 사진은 과거에는 유곽 지역을 부도정으로 한정했으나 근자에 용강정 일대의 음식점 영업을 제한 없이 허가하고 수명의 작부(酌婦)를 허락하는 바람에 용동과 동인천역 주변의 풍기문란이 염려된다는 기사이다. 기사의 표현대로 주택 지대가 "유곽 지대화"로 변모하자 "온갖 야유랑(冶遊郞)이 모여들"어 일대 주민들이 불안해한다는 것이다. 기사에서는 "음식점 영업"을 언급하고 있지만, 손님에게 식사를 제공하는 '식당'이 아니라 신흥 술집으로 등장한 카페나 바를 가리킨다. 카페는 기존의 권번이나 유곽과는 다른 형태의 신흥 소비 공간이었다.

나는 지금 목줄을 매이고 있는 식당은 이름이야 먹을 식 자 식당일

세마는 그것은 먹기 위한 식당이 아니라 놀기를 위한 식당일세. 이 안에는 피아노가 놓여 있고 라디오가 있고 축음기가 몇 대씩이나 있네. 뿐만 아니라 어여쁜 여자(女給)가 이십여 명이나 있으니 이곳 청등(青燈) 그늘을 찾아드는 버러지의 무리들은 「만하탄」과 「화이트 호스」에 신경을 마비시켜 가지고 난조(亂調)의 재즈에 취하며 육향분복(肉香芬馥)한 소녀들의 붉은 입술을 보려고 모여드는 것일세. 공장의 기적이 저녁을 고할 때면 이곳 식당은 그 광란(狂亂)의 뚝게를 열기 시작하는 것일세. 음란을 극한 노래와 광대에 가까운 춤으로 어우러지고 무르녹아서 그날 밤 그날 밤이 새어 가는 것일세. 이 버러지들은 사회 전반의 계급을 망라하였으니 직업이 없는 부랑아(浮浪兒)·「샐러리맨」·학생·노동자·신문기자·배우·치한 그리고 여러 가지 계급의 그들이나 그러나 촉감(觸感)의 향락을 구하며 염가(廉價)의 헛된 사랑을 구하러 오는 데에는 다 한결같이 일치하여 버리고 마는 것일세.

　　─이상, 「12월 12일」

　소설의 화자는 카페의 분위기와 여급(女給), 그리고 손님들에 대해 정확하게 지적하고 있다. "먹기 위한 식당이 아니라 놀기를 위한 식당"이라는 표현은 음식점으로 허가를 받았으되 여급과 손님들이 놀 수 있는 식당이라는 것이다. 그곳에서는 피아노, 라디오, 축음기를 통해 재즈를 경험할 수 있고, "화이트 호스"라는 양주를 마실 수 있었다. 물론 외국 노래를 듣고 양주를 마시려고 그곳을 출입하는 게 아니라 그 안에는 "육향분복(肉香芬馥)한 소녀"들, 이른바 여급이 있기 때문이다. 여급들은 손님들과 더불어 음란한 노래를 부르거나 광대 같은 춤을 추는 역할을 했다. 그러한 촉감의 향락을 구하러 오는 손님들은 노동자·학생·치한·기자 등 사회 전반의 모든 계층이었다.

카페는 권번이나 유곽에서 발견할 수 없는 것들로 꽉 차 있었다. 그 중에서 두드러진 것은 권번의 예기나 유곽의 창기와 달리 재즈를 부르고 양주를 마시며 춤을 추던 여급이 기생과 다른 신흥 직업인이었다는 점이다. 기생이 일정 기간 수련을 하더라도 귀속적인 신분에서 벗어나기 어려웠던 것에 비해 여급은 개인의 의지가 반영된 직업인이었다. 무엇보다 그들은 카페를 출입하는 지식인들과 한담을 주고받을 만한 정도의 학력과 교양을 갖추고 있었다. 여급이 되기 전 기생이나 배우였거나 또는 여학교 졸업자 출신인 경우도 있었다.● 그렇다고 해서 그들에 대한 시선이 긍정적이었던 것은 아니다.

카펜가 다니는 계집애들은 죄다 그렇게 망골들인지 모른다. 영애하고 아끼꼬는 아무리 잘 봐도 씨알이 사람 될 것 같지 않다. 아래위 턱도 몰라보는 애들이 난봉질에 향수만 찾고 그래도 영애란 계집애는 비록 심술은 내고 내댈망정 뭘 물으면 대답이나 한다. 요 아끼꼬는 방세를 내래도 입을 꼭 다물고는 안차게도 대꾸 한마디 없다.
　　—김유정, 「따라지」

● 「만세전」(염상섭)의 이인화, 「따라지」(김유정)의 아끼꼬, 「성탄제」(박태원)의 영희, 「계절」(이효석)의 보배 등이 학생 신분이었다가 여급으로 전환한 주인공들이다.

카페 여급에 대해 "씨알이 사람 될 것 같지 않"다고 한다. 몸치장에 신경을 쓰고 난봉질을 해 대니 그렇게 생각할 만하다. 하지만 여급 노릇을 온전히 하려면 사람들의 시선을 무시하고 그들이 생각하는 사람이 될 씨알과는 거리를 두어야 했다. "촉감(觸感)의 향락을 구하며 염가(廉價)의 헛된 사랑을 구하러 오는" 손님들을 상대해야 하는 여급이 일반인의 시선에 긍정적일 수 없었다.

> 할로 할로 앞에 가는 모던
> 아주 그럴듯해 오-이애스
> 기생 · 딴사 · 학생 같진 않고
> 귀부인도 아니, 그럼 이게 뭘까
> 옳지 알았다 바로 그걸세
> 요즘 서울 명물 카페의 걸
> 밤에 피는 네온의 불꽃 박쥐 사촌 누나
> ─〈서울 명물〉, 콜럼비아 레코드, 1935년 6월

〈서울 명물〉이라는 노래의 1절이다. 기생인 듯, 댄서인 듯, 학생인 듯, 귀부인인 듯한 여자는 카페의 걸(girl)이다. 카페의 걸을 수식하는 단어가 "명물"인데, 이것은 카페의 걸을 긍정적인 의미로 건인하기 위한 게 아니라 조롱하기 위한 것이다. 카페의 걸이 "밤에 피는 네온의 불꽃 박쥐 사촌 누나"이니만큼 "명물"은 대상을 조롱하기 위한 수사(修辭)이다.

결국 용동에 음식점이 증가하여 주민들이 불안을 느낀다는 앞의《동
아일보》기사는 식당과 관련된 게 아니라 카페나 바(bar)라는 신흥 술집
의 등장과 관련된 것이었다. 실제로 1932년 용동과 경동 주변에서는 50
여 개의 카페에서 여급 2백 명이 활동하고 있었다. 그리고 태평양전쟁
이 일어나자 인천 기생 80명 중에 30명이 바와 카페 쪽으로 전향하였는
데(《매일신보》1942. 2. 17.), 이는 여급 수입이 기생 수입보다 나았을 정
도로 바와 카페가 야유랑들에게 각광을 받았다는 것을 의미한다.

이렇듯 용동과 인근 지역은 기생과 여급이 활동하는 유흥 공간으로
정착하게 되었다.

태평양전쟁 시기의 유흥가 단속 강화로
인천의 바와 카페들은 식당으로 간판을
바꾸어 달게 된다.(《매일신보》1944. 3. 24.)

● 吉川文道, 『인천의 긴요 문제』, 인천학연구원, 2006, 177면.

화류병

화류병(花柳病)은 성행위에 의해 감염되는 병이다. 주로 기생 따위의 '노는 계집'들이 활동하는 화류계(花柳界)를 매개로 감염되기에 화류병이라 한다. 화류병은 특정인의 문제로 머물지 않고 사회 전체의 문제로 확산되기에 이에 대한 경계와 주의는 어느 때건 계속되었다. 하지만 화류병에 감염된 것은 자랑할 만한 일이 아니었기에 감염자는 공적(公的) 치료를 멀리하고 민간요법이나 사술(邪術)에 기대어 치료하려 했다.

인천부 사동 전석현의 처 문의성은 몇 해 전부터 매독을 옮아 고통을 받던 중 인육을 먹으면 낫는다는 말을 듣고 금년 3월 14일 오전 1시에 이보현을 시켜 한지면 이태원 공동묘지에 파묻은 간동 106번지에 살던 김기원이란 여자의 시체를 파내어 다리의 살을 베어다가 시내 장사동 문용운의 집에서 받아 먹고 그 보수로 돈 25원을 주었는데 매독은 낫지 않고 범죄는 발각되어 오랫동안 검사국에서 취조를 받더니 근일 공판에 부처 세 명은 모두 문묘 발굴 사체 방기 등 죄명으로 법원에서 심리 중이라더라.(《동아일보》 1922. 8. 20.)

매독 치료를 위해 인육을 먹은 사건의 공판 소식 기사(《동아일보》 1922. 8. 20.)

화류계에서 매독에 걸려 온 남편이 그것을 처에게 감염시켰다. 일반 부인이 병원에 가서 진료를 받기란 대단한 용기가 필요한 일이다. 그래서 민간요법이 어떠하든 관계없이 시체를 파내어 그것의 일부분을 먹으면서까지 매독의 고통에서 벗어나려 했지만, 효과도 없었을 뿐더러 졸지에 처벌받을 처지에 놓이고 말았다. 심지어 죽은 사람의 해골을 불에 태워 먹으면 매독이 낫는다는 말을 믿고 그대로 했다가 경찰에 발각되었다는 기사(《동아일보》 1925. 9. 23.)까지 날 정도로 매독은 감염자에게 심각한 병이었다.

진남포 신홍리에 사는 박상민이란 이는 외아들인데 두 달 전부터 임질로 고생하던 중 어떤 사람에게 콩버러지 '가레'를 먹으면 낫는다는 말을 듣고 가레를 잡아다 먹고 그만 중독이 되어 죽었다.(《동아일보》1924. 6. 18.)

매독 치료 관련 변사 소식 기사(《동아일보》1924. 6. 18.)

매독 비관 자살 소식 기사(《동아일보》1937. 7. 17.)

외아들이 임질을 민간요법으로 치료하려다가 죽었다는 기사이다. 임질에서 벗어날 수 있다면 버러지보다 더 심한 것도 먹을 기세이지만, 그것은 효험을 증명할 수 없기에 끝내 사망에 이르게 된 것이다. 성병을 수은(水銀)으로 치료하려다가 끝내 중독되어 죽었다는 기사도 자주 눈에 띈다. 화류병에 걸린 부부가 수은 중독으로 함께 죽었고, 그것을 알려 준 동네 사람도 며칠 후 자책감으로 자살했다는 것이다(《조선중앙일보》1934. 7. 21.).

사술(邪術)에 기대다가 죽음에 이르는가 하면, 여러 시도와 실패를 경험하고 난 후 스스로 목숨을 끊었다는 기사도 눈에 띈다. 그는 감염의 여러 증상이 나타남에 따라 그것을 극복하기 위해 온갖 사술을 시도하고 실패를 경험하고 난 후, 그 과정에서 경험한 좌절감과 성병의 통증을 죽음으로 마감하겠다는 극단적인 결심을 했을 터이다.

이렇듯 성병이 개인과 사회에 미치는 폐해가 크기에 그에 대한 경계는 특정인에 한정되지 않았다. 성병과 무관할 듯한 아이에 대해서도 감염 가능성에 대한 우려가 있었다.

又酸敗液이라 ᄒᆞᄂᆞᆫ 病을 起ᄒᆞ고 口中의 諸病을 傳染ᄒᆞᄂᆞᆫ 患이 有ᄒᆞ며 其中最恐ᄒᆞᆫ 것이 肺病과 梅毒 等이 小兒의게 感染됨이 一層早速이니 注意치 아니홈이 可乎아(《서우》11호, 1907. 10. 1.)

'식물저작(食物咀嚼)의 해(害)'라는 부제의 글인데, 이유식을 하는 아이에게 어른이 음식을 저작하여(씹어) 줄 경우, 폐병과 매독에 감염될 가능성에 대해 언급하고 있다. 폐병과 매독의 치료가 그만큼 힘들기에 어른들에게 경계하려는 의도가 개입되어 있다. 물론 이러한 경고는 임신부에게도 그대로 적용된다. 양친 중에서 한쪽이 감염자라 하더라도 태아는 틀림없이 감염되며 태중(胎中)에 있을 때 온갖 장기가 병이 들고, 혹여 멀쩡하게 출산하더라도 조만간 죽게 된다며 매독의 위험에 대해 경고하고 있다(《매일신보》 1911. 11. 9.).

성병이 성 접촉과 무관한 자에게도 전염이 될 수 있다는 우려를 반영하듯 신문 잡지류에 성병 치료제 광고가 자주 실렸다.

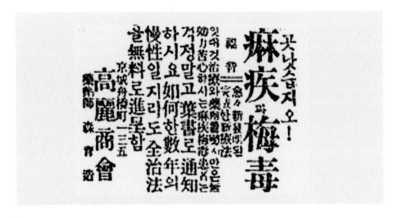

성병 치료제 광고(《매일신보》 1922. 8. 20.)

앞의 광고에서는 임질과 매독 환자들을 향하여 "복음(福音)"이라면서, 이제껏 치료를 시도하고 약제를 썼지만 효과를 보지 못했다고 해서 고심하지 말고 엽서를 보내라 한다. 그러면 수년의 만성질환이라도 무료로 치료법을 보내 주겠다는 것이다. 성병의 증상을 엽서로 보내면 그에 맞는 치료법을 무료로 보내 준다고 하니 광고에 나타난 대로 환자들에게는 '복음'이었다. 물론 말 못 할 고민을 했던 환자들은 '복음'을 믿고 엽서를 보냈겠지만, 머지않아 그것이 무료가 아님을 알아차렸을 터이다.

아래의 광고에서는 성병을 치료하는 데에 막대한 비용이 든다는 점과 비밀스럽게 치료받기를 원하는 환자가 의사를 꺼린다는 점을 거론하면서 만족할 만한 치료법이 나왔다고 알리고 있다. 기존의 치료제 '606호'는 주사제이기에 의료 기관을 통해 8~9회 사용하는 비용이 만만치 않지만 내복약으로 만든 '세-빈(セ-ビン)'은 그렇지 않다는 것이다. 특히 직접 방문하기 어려운 사람들에게는 설명서를 "무대진정(無代進程)"하겠으니 엽서를 보내라고 한다.

성병 치료제 '세-빈' 광고(《동아일보》 1928. 11. 3.)

貴堂藥 二劑로 家妻의 皮膚에 毒瘇을 全治하압고 全身常溫하와 五年間에 至하압던 胎氣 有하와 距今 三個月 經過하와 喜賀萬祝이외다 廣告에 郡面洞만 쓰시옵소서

九月 二十三日 昌成郡 大楡洞 全○○

'세-빈(セ-ビン)' 광고와 나란히 실린 전치(全治) 사례담이다. 성병에 걸린 아내가 약을 먹은 후 완치되어 임신까지 했다며 고맙다는 말과 함께 자신의 이름은 빼고 군면동(郡面洞)만 밝혀 달라고 한다. 자기 처의 성병 경력을 드러내고 싶지 않아서인지 혹은 과대광고가 드러날까 저어해서인지 모를 일이지만, "전치(全治)", "태기(胎氣)", "엽서" 등의 표현을 감안하면 후자 쪽의 혐의가 짙다.

화류병 관련 기사와 광고를 통해 보건대, 성병은 개인의 고민을 넘어 주변인, 혹은 사회 전체에 영향을 미치는 질병이었다. 무엇보다 성병 관리와 세금 부과를 용이하게 할 수 있는 방법은 화류계를 한곳에 모아 두는 것이었다.

인천 부도유곽은 이러한 사정과 관련이 있다. 유곽의 설립과 함께 그 안에 구미원(驅黴院)을 설치하여 성병을 진단하고 치료하게 했다. 1902년 12월 5일에 설립된 구미원은 요리동업자조합 부설 건강진단소로, 건물 안에는 병실 및 치료소, 검역소(곰팡이 검역소) 등의 설비가 있었다. 건강진단은 도립인천병원의 의사들이 담당하였다.

다음은 『인천부사』에 전하는 1931년 창기들의 건강진단 상황이다.

	진단 횟수	수진자 연인원	수진 1회 평균 인원	수진자 중 마약자로 인정한 인원
일본인	26	2,516	97	50
조선인	26	2,151	83	109

유독표

· 일본인: 매독 18, 임질 32

· 조선인: 매독 63, 임질 37, 연하감 3, 탁 1, 그 외 5

부도유곽 안의 창기들의 진단에서 매독 판정을 받은 조선 창기의 수는 일본 창기의 3배 이상이다. 일본 창기에게서 발견할 수 없는 연하감(軟下疳)이라는 성병과 그 외의 것들도 검진되었다. 『인천부사』의 내용에 나타나듯 "창기의 검매가 권위가 없어 융통성이 있었다는 것은 사실"이란 점을 감안하면 감염자의 수치에 포함되지 않은 경우가 허다했을 것이다. 물론 3년 전의 신문 기사에 따르면, 화류병 감염자에 대한 추정치는 일본인 창기는 1할 8푼의 비율이고 조선인 창기는 3할 8푼의 비율이었다고 한다(《동아일보》1928. 12. 2.).

창기의 화류병 감염을
우려하는 신문 기사 제목
《조선중앙일보》1935. 11. 9.)

6장

- 마군정 및 휴전 이후: 기지촌과 유엔군 위안소

- 군사독재 및 산업화 시기: 옐로우하우스와 끽동

- 산업화 시기 이후: 재개발의 이름으로

인천 화류계의
변용과 왜곡

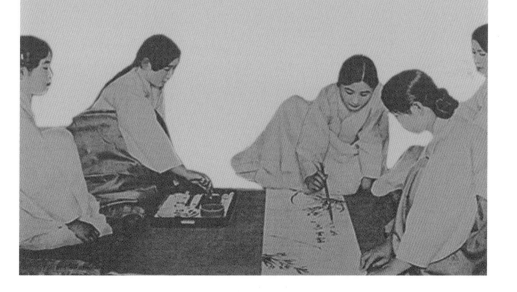

왜놈들이 남기고 간 죄악의 터전 유곽 바로 그 자리에

자리 잡은 선화동 유엔군 위안소.

밤이 되면 공공히 손님을 부르는 여인군과 한때

하룻밤의 희롱을 즐기려는 무리들이 되어 버리는 특수 지대.

이 '미친 거리'는 도대체 언제부터

어떤 경로를 밟아서 생겨난 것인가.

미군정 및 휴전 이후: 기지촌과 유엔군 위안소

1945년 9월 8일, 인천에 도착한 미군은 군정 체제를 갖추어 나갔다. 특히 그해 11월경 남한에 주둔하는 미군 병력이 7만여 명에 이르자 군정에서는 병사들의 성적 욕구에 관심을 두어야 했다. 병사들의 욕구를 무조건 억제할 수 없기에 매매춘을 단속하면서 동시에 묵인하는 이중 정책을 폈다. 예컨대 "전염 화류병을 가진 부녀가 주둔 군인에 대한 성관계의 유혹"(미군정 법령 제72호, 1946. 5. 4.)이란 조항은 화류병이 없는 부녀의 매매춘은 합법적이라는 의미를 포함하고 있었다. 이 조항은 성병 검사를 기피하는 매춘 여성들을 걸러내고 주둔군의 안전한 매매춘을 방조하려는 의도를 바탕에 깔고 있었다.

미군정에서 '공창제 폐지법(1947. 10. 28.)'을 발표하자 유곽과 권번은 철퇴를 맞은 듯했다. 미군정의 발표는 매음을 목적으로 했던 창기, 기예와 놀이를 구사했던 기생에게 존립 자체를 부정하게 하는 가혹한 것이었다.

폐지법이 발표되었어도 부도유곽에는 여전히 23호 136명의 창기가 적(籍)을 두고 있어서 경기도지사가 이들에 대한 처리 문제로 고심하고 있었지만(《동아일보》 1947. 11. 7.), 법이 발표되기 이전부터 술집 주변 곳곳에 '사창(私娼)'이 자리 잡고 있었다. 미군을 상대로 하는 댄스홀과 클럽은 합법적인 미군 여가 시설로 존재했으며, 그곳이 밀매음을 매개하는 공간으로 이용되었다(《대중일보》 1948. 6. 1.). 율목동에는 미군을 대상으로 하는 사창 소굴이 있었기에 해가 지고 난 후 일반 여성이 통행하기 힘들었고(《동아일보》 1948. 3. 10.), 송도 주변 옥련동에는 음식점 영업을 가장하여 외국 군인을 상대로 밀매음을 하는 집이 약 20세대 있었다(《대중일보》 1948. 7. 22.).

[인천] 거리로 지하로 비밀실로 갖은 수단을 다하여 발호하는 사창으로 말미암아 성병, 마약 중독 등의 만연은 민족 장래에 암영을 던지고 있어 이미 사회문제화하고 있어 여급(女給) 작부(酌婦) 등 450여 명에 대하여 9일부터 14일까지 부 위생계에서 일제 검진을 한 결과 임질 매독 등의 성병 환자가 80%에 달하고 있다 하며 당국자들이 놀라고 있다.(《동아일보》 1948. 11. 27.)

부도유곽이나 인근의 술집에서 활동하던 창기들이 공창제 폐지법이 발표된 이후 기사의 표현대로 "거리로 지하로 비밀실로 갖은 수단을 다하여 발호"하고 있었다. 그에 따라 그들의 성병 감염이 80%에 육박했는데, 검진에 포착되지 않은 경우를 포함하면 해당 수치를 훨씬 넘어섰을 것이다. 1년 전 부도유곽 안에 있는 23호 136명의 창기를 검진했을 때에는 매독 47%, 임질 68%로 나타난 것에 비해 감염 비율이 훨씬 높게 나타났다. "거리로 지하로 비밀실로" 숨어든 밀매음이 6·25전쟁을 전후로 미군이 주둔하는 곳마다 나타났다. 특히 부평 지역과 부도유곽 지역에서 전자는 최초의 기지촌으로, 후자는 '미친 거리'라는 통칭(通稱)으로 자리를 잡아 나갔다.

먼저 부평 지역의 경우, 1945년 9월 8일 미군이 남한에 들어오면서 형성된 최초의 기지촌이었다. 인천항에 하역되는 군수물자를 보관 및 수송하기 위해 들어섰던 일본 육군 조병창이 미군의 병참(兵站)·보급·수송 업무를 담당하는 공간으로 변모하여 그곳에 4천여 명의 미군이 주둔하였다. 미군 기지의 정문 앞에는 '신촌(新村)'이라 불릴 정도로 수백 채의 간이 주택이 기지촌으로 들어섰다. 미군정 말기에는 1천여 명의 여성이 미군을 상대로 영업을 했다고 한다.

미군정이 끝나고 1952년부터 애스콤(ASCOM, 군수지원사령부)을 중심으로 인근에 수십 개의 단위 부대가 자리를 잡으면서 본격적인 기지촌도 형성되기 시작하였다. 이후, 부대 정문에 한정되어 있던 기지촌은 산곡동, 삼릉(三稜, 부평 2동), 서부동 지역으로 확대되었다. 신촌은 홀(hall)을 출입하는 여성들의 주거지 겸 영업 장소였고, 삼릉은 미군과 동거하는 여성들의 공간이었다. 이때 밤에 활동하던 여성들의 숫자는 2,000명을 웃돌 정도였다고 한다.

● 서울신문사, 『주한 미군 30년』, 행림출판사, 1979, 432~435면.

박정희 정권은 윤락행위 방지법을 무시하고 기지촌 육성 정책을 펴기까지 했다. 미군을 상대로 하는 술집에는 면세 혜택을 주었으며 관광사업 진작이라는 명목으로 술집 주인들의 해외 연수도 시켜 주었다. 심지어 기지촌의 행정관리들이 윤락 여성을 강당에 모아 놓고 '당신들은 한국을 지켜 주러 온 미군을 위안하고 달러를 벌어들이는 애국자'라고 칭송하는 해프닝도 벌어졌다.(《동아일보》 1995. 2. 10.)

5·16군사정변을 일으키고, 그해 11월 사회 정화 명목으로 '윤락행위 등 방지법'을 발표한 군사정권이 기지촌 육성 정책을 폈다는 기사이다. "면세 혜택", "관광사업 진작", "해외 연수" 등의 표현으로 보건

대 육성책은 파격에 가깝다. 사회 정화의 대상에 해당하는 윤락 여성들의 행위는 '윤락행위 등 방지법'을 통해 통제해야 하는데, 그들을 향해 "당신들은 한국을 지켜 주러 온 미군을 위안하고 달러를 벌어들이는 애국자"라는 강연도 서슴지 않았기에 "해프닝"이란 표현이 기사에 등장하고 있다. 물론 이러한 파격은 여타의 성매매 집결지에도 그대로 적용되었다.

부도유곽 지역도 동네 이름을 선화동으로 바꾸고 유곽이란 명칭 대신 '미친 거리', '특수 지대', '퇴폐의 거리', '유엔군 위안소' 등으로 불리며 매음을 계속하고 있었다.

왜놈들이 남기고 간 죄악의 터전 유곽 바로 그 자리에 자리 잡은 선화동 유엔군 위안소. 밤이 되면 공공히 손님을 부르는 여인군과 한때 하룻밤의 희롱을 즐기려는 무리들이 되어 버리는 특수 지대. 이 '미친 거리'는 도대체 언제부터 어떤 경로를 밟아서 생겨난 것인가. 6·25동란 후 유엔군의 참전에 따라 외국 군인들이 민가에 미칠 폐단을 예상하고 이를 막기 위하여 경기도의 내락을 얻고 탄생하였다는 것이 이곳 유엔군 위안소가 모면으로 내세우는 합법적인 양하는 유일한 존재 이유다. 그러나 이런 부질없는 이야기는 경기도지사에게 신문기자가 물었던바 허가해 준 일이 없다고 언명했고, 미 헌병사령부에서는 이의 소재조차 시인하지 않을뿐더러 그리고 요즘 이 '퇴폐의 거리'에서 유엔군의 그림만이라도 찾아볼 수 있는가. 그러면 이곳에서 위안을 받을 수 있는 족속은 누구란 말인가. 이 거리의 입구에 '군○

출입금지'의 표만이 한국 군인들의 출입을 엄격히 말리고 있으니, 그럼 이곳에서 위안을 받을 수 있는 사람은 주정꾼이나 불량배나 깡패뿐이고 만다. 또 '선화동번영회'가 이 거리의 혜택을 받고 있다. 번영회의 혜택으로 100명 이상의 여인들이 있고, 하루 수입이 최고 2000환인데, 그중에 반은 포주 주머니 속으로 그리고 방세와 번영회의 임시 교제비로 들어가다 보니 화장 값 정도만 남는다고 한다. 이렇게 따져 보면 이 특수 지대는 특수한 사람을 제외하고는 존재해야 할 단 하나의 이유도 없다.(《인천일보》 1954. 11. 21.)

부도유곽이 유엔군 위안소를 거쳐 '미친 거리'로 간판이 바뀐 과정을 진술하고 있다. 내락을 얻었다 하여 확인해 보니 관계자는 그런 일 없다고 부인하고, 위안의 대상자들은 간데없고 주정꾼이나 불량배들만 보인다고 한다. 100명 이상의 여인들이 특수한 사람의 배를 불리기 위해 특수한 일을 하는 공간이기에 존재 이유가 없다며 기사를 마무리하고 있다.

이러한 특수 지대는 선화동에만 한정되었던 것은 아니었다. 군인들에게 주말 외박이 허용되자 군부대 인근에는 술집과 클럽, 바 등이 들어서기 시작했다. 이른바 '사동 양공주촌'을 비롯해 관동, 항동, 신흥초등학교 주변이 주말마다 군인들로 북적거렸다. 이들과 관련된 부대로는 전동 미 제110 부대, 만국공원 미 고사포 부대, 해안동 미군 소방서, 송도 미 캠프 페이지(Camp Page) 포 부대, 미 제439 공병대, 학익동과 용현동 POL 송유 부대, 학익동 미 제76 공병대가 있었다.

군사독재 및
산업화 시기:
옐로우하우스와 끽동

　　1961년 5월 16일 군사정변이 일어나고, 11월 '윤락
행위 등 방지법'이 발표되었다. 군사정권은 '미친 거리'로 불리는 부도
유곽을 폐지하기로 하고, 그곳에 있던 23호 200명의 여자들을 숭의동
으로 강제 이주시켰다. 옐로우하우스의 등장은 경기도와 인천시, 그리
고 경기도경찰국 등 관계 기관장의 합의에 따른 것이었다. 인천시에서
업주들에게 50~70만 원씩 융자를 해 주었다고 하는데, 이것도 이런
이유와 관련이 있었다.

　미군 부대에서 여분의 노란색 페인트를 인근의 주민들에게 나누어
주었고 주민들이 그것을 건물에 칠한 데에서 '옐로우하우스'의 출발을
찾기도 한다. 물론 인근의 주민은 매음과 관련된 이들이었다.

　1962년 4월 군사정권은 '윤락 여성 선도 계획'에 의거, 전국 104곳

● 김윤희, 「인천 숭의동 성매매 집결지에 대한 연구」, 서울대학교 석사 논문, 2006, 22면.
● 홍성철, 『유곽의 역사』, 페이퍼로드, 2007, 51면.

을 '특정 지역'으로 선정했다. 그에 따라 선정된 특정 지역에서의 윤락 행위는 '윤락행위 등 방지법'의 적용에서 제외될 수 있었다.

다음은 1962년 6월을 기준으로 작성한 도표이다.

	특정지역 설치 수	윤락 여성 수	포주 용의자	펨푸 용의자	선도 위원 수
서울	9	2,073	107	72	18
경기	61	10,661	1,355	56	119
강원	8	217	18	25	100
충북	1	66			6
충남	4	567	99	12	55
경북	5	770	127	74	47
경남	8	1,671	22	119	272
전북	5	786	52	62	55
전남	3	392	56	58	30
제주					
계	104	17,203	1,836	478	702

특정 지역의 설치 수에서 경기도는 전체의 58.6%, 윤락 여성의 수 는 61.9%를 차지하고 있다. 포주 용의자도 전체 1,836명 가운데 1,355명 73.8%로 나타날 정도로 경기도의 비율이 압도적이다.

인천의 특정 지역 이름과 설치 일시 및 수용 인원을 나타내면 중앙동

● 보건사회부, 『부녀 행정 40년사』, 보건사회부, 1987, 112면.

(1962. 1. 16./199명), 학익동(1962. 1. 16./50명), 숭의동(1962. 1. 6./5명), 옹진군 백령면 진촌(1962. 1. 16./32명), 부평 1동(1962. 5. 14./188명), 부평 1·2동(1962. 5. 14./681명), 부천군 오정면 오세리(1962. 5. 14./197명), 산곡동(1962. 5. 14./561명), 강화 하점면 부근리(1962. 6. 25./18명)이다. 인천의 특정 지역은 예외 없이 군부대와 관련된 공간에 자리 잡고 있다. 인천광역권의 9개소가 특정 지역인 셈인데, 부평구의 경우에는 3개소에 1,430명이 활동하고 있어 인천 전체 1,931명 중에서 74%를 차지하고 있다. 여타 지역보다 압도적 수치인 것은 미군정기에 등장하고 휴전 이후 확장된 기지촌과 밀접한 관련이 있다.

1961년 13개 동으로 시작한 옐로우하우스는 1970년대부터 증개축을 통해 규모를 확장하였다. 규모 확장은 그곳을 왕래하는 사람들이 증가한 것과 밀접한데, 옐로우하우스 길 건너편에 1974년 용현동 버스 터미널이 들어섰고 수인선의 남인천역이 있어서 사람들의 왕래가 증가하였다. 특히 외국 선원들을 상대로 하는 영업이 활발했었다.

뒤 페이지의 사진은 『한국의 발견―경기도편』에 실린 '인천의 인상 지도'이다. '인천의 인상 지도'가 인천의 이미지를 나타낸다 할 때, 지도의 가운데에 '옐로우하우스'가 표시된 것으로 보아 그곳이 지도 제작자에게 상당히 인상적인 장소였던 것 같다. 그곳을 중심으로 위쪽에는 박문여중, 아래쪽에는 시외버스 터미널, 오른쪽에는 인천교육대

● 김희식, 「20세기 인천의 도시화와 매춘 문제 고찰―끽동과 옐로우하우스를 중심으로」, 『역사와 경계』 85호, 2012, 281면.
● 뿌리깊은 나무, 『한국의 발견―경기도편』, 1983, 224면.

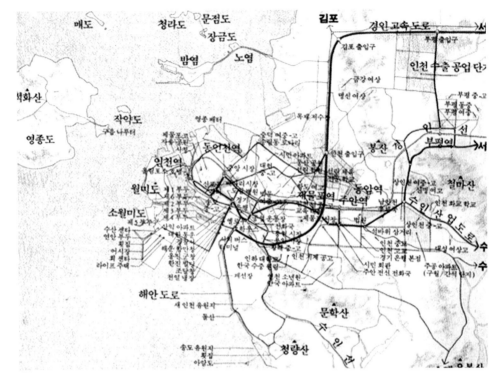

인천시의 인상 지도

학, 왼쪽에는 송도중고교가 자리 잡고 있다. 무엇보다 옐로우하우스가
위치한 공간의 길 건너편에 시외버스 터미널이 있었고 여러 부두들도
가까이 있었다.

흔히 성매매 집결지가 주로 기차역이나 버스 터미널, 항구 부근 등
유동 인구가 많은 곳에 자리 잡는 경향이 있는데, 부근에 군부대와 관
련된 공간이 있으면 그곳이 최적지였다.

다음과 같은 옐로우하우스에 대한 기억이 이를 뒷받침하고 있다.

여기 숭의로터리가 있는 곳에는 영국군이 주둔해 있었어요. 공구
상가 있는 곳에는 '방석집'들이 많았구요. 영국군들이 '방석집'들을
간 건 아니었던 것 같은데. 영국군들은 65년인가 66년도에 이전했던
걸로 알아요. 방석집에는 공구상가에 일하던 사람들이 갔지. 여기는
기지촌이라고 볼 수 없구요. 외항선들이 드나들고 하니까 외국인들
이랑 내국인이 많았어요. …… 여기는 군대가 주둔해 있어서 세차들
을 많이 했고, 자동차 정비 공장들이 많았어요. 부품 공장들도 많고.
그래서 숭의동 여기가 돈이 많이 풀리니까 얼마나 번화가였는데. 은
행 출장소도 있었으니까. 5~6년 전까지만 해도 여기가 번쩍번쩍했
었어요. …… 숭의동이 옛날에는 26호 앞쪽(용현동)이 바로 바다였
어요. 지금 바다를 다 매립한 거예요. 그래서 배들이 바로 (옐로우하
우스) 앞까지 들어왔다구요. 외항선이 한번 들어오면 배가 크니까 짐
을 내리는 시간이 15일에서 오래는 한 달이 걸렸어요. 주로 동남아
시아 남자들이 많았지. 배가 엄청나게 크니까 배 한번 내리면 선원
들도 굉장히 많았지. 그때에는 (업소) 한 집에 아가씨들이 30명씩 있
고 그랬어요. 예전에는 여기 못 돌아다녔지. 왜냐구? 아가씨들이 막
잡기도 하고, 펨푸라고 하나? 요즘은 펨푸는 없지. 건달 말이야. 옛
날에는 많았어요. 그때는 돈을 엄청 많이 버니까 업주들을 보호하는
사람이 필요했거든. 그래서 배가 내린다고 하면 펨푸들이 항구에 나
가서 기다리고 있다가 선원들을 데리고 왔죠. 지금 현관? 현관들은
펨푸라고 안 하지. 옛날 펨푸들은 다 남자들이 했지. 그 펨푸들이 지
금 업주가 된 사람들도 있고, 떠난 사람들도 있고.

군사독재 및 산업화 시기에 옐로우하우스는 활황을 맞았다. 공구상
가와 버스 터미널, 항구를 중심으로 유동 인구가 많았고 특히 항구에
서 쏟아져 나온 외국 선원들로 옐로우하우스는 북새통을 이루었다. 물
론 펨푸들이 항구에 나가서 외국 선원들을 단체로 이끌고 왔고, 선원
들은 옐로우하우스에서 달러를 뿌려 댔다.

> 장사래 마을 후에 꽃순이
> 진달래 치마폭 햇살 너울대던 봄날
> 꽃보다 예쁜 딸로 태어났다
> 진달래꽃 분홍 공주가 되어
> 밤마다 별빛 꿈 한 소쿠리 따서
> 꼬불꼬불 말간 개천에 띄워 보냈다
>
> 옐로우하우스 꽃순이
> 밤이면 분홍 꽃등을 켠다
> 하룻밤 부나비를 기다린다
> 인천항 배 닻을 내리면
> 형형색색 불나방 꽃등에 뛰어들고
> 꽃순이 고단한 웃음 질어 간다
> (정경해, 「인천 43—숭의동」, 일부분)

● 김윤희, 앞의 글, 24면.
● 황규수, 『한국 현대시와 인천 심상지리』, 보고사, 2015, 156~157면에서 재인용.

시의 주인공은 꽃순이다. 진달래꽃 피던 시절, 그녀는 귀한 집의 딸로 태어났다. 마을 안에 뱀처럼 꾸불꾸불한 모양의 개천이 흘러서 장사래라는 이름이 생겼다. 봄에 태어난 그녀는 분홍빛 꽃을 개천에 띄우며 유년기를 보냈다. 이후, 분홍 꽃등을 켜고 외항선원을 기다리는 옐로우하우스 꽃순이가 등장한다. 불나비가 꽃등에 뛰어들자 그녀의 건조한 웃음에는 고단함이 짙어 간다고 한다. 장사래는 숭의동의 옛 지명이다. 지명이 바뀌면서 꽃순이의 별빛 꿈이 좌절되고 삶의 고단함만 남게 되었다. 옐로우하우스의 과거와 현재를 꽃순이에 기대 그려내고 있는 시이다.

학익동의 '끽동'이 등장한 것도 5·16군사정변과 관련이 있다. 군사정권은 '미친 거리'로 불리던 부도유곽을 폐지했는데, 이때 여성들 대부분이 숭의동 옐로우하우스로 이전했고 일부는 학익동 끽동으로 향했다. 물론 군사정권이 11월 '윤락행위 등 방지법'을 발표하자 성매매 여성들도 도심에서 쫓겨나 학익천(鶴翼川) 주변에 있는 끽동으로 모여들었다. 인근에 미군 부대가 위치하고 있었고 1965년 학익동과 용현동 지역이 공업지역으로 선정됨에 따라 사람과 물류의 이동이 증가하면서 끽동은 성매매 집결지로 자리를 잡아 나갔다. 끽동의 호황기는 1970년대 중반부터 1980년대 초반 사이이다. 102호에 1,000명의 업소 여성이 있었을 정도로 호황을 누렸다.

산업화 시기 이후:
재개발의 이름으로

기지촌의 경기는 주둔군의 숫자와 연동될 수밖에 없다. 1970년대 들어 닉슨과 카터 미국 대통령이 주한 미군을 7만 명에서 4만 명으로 감축하자 기지촌도 쇠퇴기를 맞게 되었다. 특히 부대 규모를 축소하던 애스콤이 1971년에 부대 자체를 해산하여 미국으로 돌아가고 캠프 마켓이라는 소규모 단위 부대만 잔류하자 부평 기지촌의 영업은 폐업 단계에 이르렀다.

게다가 1980년대 대학가를 중심으로 일기 시작한 반미(反美) 분위기도 미군들의 부대 밖 외출을 꺼리게 했다. 군인들이 부대 밖으로 나오지 않자 기지촌은 장기적 불황을 겪어야 했다.

인천시는 부평 미군 부대가 오는 2016년 경기도 평택으로 이전한 후 해당 부지에 시민공원을 조성한다는 '신촌 근린공원 조성 계획'을 수

● 서울신문사, 앞의 책, 432~435면.

립했다. 여기서 공원 이름에 해당하는 '신촌(新村)'은 미군 기지의 정문 앞에 수백 채의 간이 주택이 들어섰을 때의 기지촌 이름이었다.

군사독재 및 산업화 시기에 활황을 맞았던 옐로우하우스와 끽동은 한국의 모든 성매매 집결지들을 2007년까지 폐쇄한다는 '성매매 방지법'(2004. 3. 23.)이 제정되자 타격을 받았다. 2004년 9월부터 경찰의 특별 단속이 실시되자 업소는 영업을 중단하는 자세를 취해야 했다. 한편 성매매 여성들을 주축으로 하는 인천 숭의동의 상조회와 부산 완월동 해어화라는 단체는 '여성단체연합'을 방문하여 탈성매매를 위한 정부의 적극적인 자활 지원을 요구하여 지원 합의를 이끌어 냈다. 정부에서 여성발전기금 5억 3천만 원을 긴급 편성하여, 2004년 11월 인천 숭의동과 부산 완월동의 성매매 여성들을 대상으로 시범적으로 자활 지원 사업을 실시하기도 했다. 하지만 탈성매매를 위한 자활 지원 사업이 해결책이 될 수 없었기에 성매매 여성들은 영업을 포기하지 못했다.

[굴삭기에 묻히는 '밤의 거리'] 25일 오전 11시 인천시의 대표적 성매매 거리인 남구 학익동 성매매 지역(일명 끽동)에서 대형 굴삭기 소리가 요란하게 들렸다. 40여 년 동안 밤마다 남자 손님들로 북적거리던 이곳 업소들이 하나둘씩 철거돼 역사 속으로 사라지는 소리였다. …… 1960년대 초 학익파출소 뒤편에 미군 부대가 들어서면서 생기기 시작한 학익동 성매매 지역은 한때 102개 업소에 1천여 명이 넘는 여성들이 일할 정도로 번창해 숭의동의 성매매 지역(일명

끽동 철거 작업(《한겨레》 2005. 1. 25., 사진 제공: 한겨레)

옐로우하우스)와 함께 인천의 양대 성매매 지역을 이뤘다.(《한겨레》
2005. 1. 25.)

　인천의 대표적 성매매 집결지인 남구 숭의동(일명 옐로우하우스) 일
대가 재개발돼 역사 속으로 사라진다. 인천시는 1960년대 초부터 50
여 년간 성매매 집결지로 존속해 온 남구 숭의1동 일대 3만 3360㎡
를 도시환경 정비 구역으로 지정해 2011년까지 재개발할 계획이라
고 14일 밝혔다. …… 한편 남구 학익동에 있던 성매매 집결지(일명
끽동) 1만 6500㎡는 지난 6월 도로와 아파트 부지로 편입돼 사라졌
다.(《한겨레》 2007. 12. 14.)

인천의 '특정 지역'이었던 끽동과 옐로우하우스가 각각 사라지거나 재개발된다는 기사이다. 끽동의 인근에 장미아파트가 들어서고(1984년), 미성년자 보호법이 발효되고(1991년), 자녀 안심하고 학교 보내기 운동이 전개되고(1998년), 학익동 특정 지역 정화를 위한 시민모임이 결성되어(2001년) 존립 기반이 흔들리기 시작하였다. 특히 2004년 3월에 인주중학교 개교를 앞두고 학부모들이 매매춘 공간이 교육 공간 인근에 위치하는 것은 문제가 심각하다며 민원을 제기하면서 끽동의 폐지 문제가 본격적으로 논의되었다. 이후, 약 2년 반이 지난 2007년 6월에 이르러 끽동은 도로와 아파트 부지로 편입되어 완전히 사라졌다.

옐로우하우스도 2011년까지 개발한다는 약속이 있었지만, 2012년 12월 당시에도 20개의 업소에서 80명의 여성이 영업을 하고 있었다. 이러한 영업은 근자에도 계속됐는데 인천 남구와 남부경찰서, 여성 NGO단체가 옐로우하우스의 실태를 파악하기 위해 합동 점검을 한 결과, 총 33개 업소 중 16개가 영업을 이어 가고 있으며 약 55명의 여성이 성매매를 하고 있는 것으로 확인되었다. 유관 기관들이 옐로우하우스 폐쇄 추진을 위한 태스크포스(TF) 팀을 구성한 뒤 합동 단속을 적극적으로 추진할 예정이라 한다.(《인천일보》 2015. 4. 3.)

● 김윤희, 앞의 글, 293면.

에필로그

기예(技藝)는 간데없고
욕정(欲情)의 흔적만이

　　　기생은 해어화(解語花)이다. '말하는 꽃' 혹은 '말을
이해하는 꽃'이 기생이다. 기생을 설명하면서 '꽃'이 견인된 것은 꽃이
아름답다는 점과 제한된 시간에 한하여 핀다는 점, 그리고 타인의 눈
에 포착되어야 아름다움을 드러낼 수 있다는 점에서 유사한 면을 지니
기 때문이다. 제한된 시간에 한해 꽃으로 기능하는 만큼 그들에게는
파격적인 사치가 허용되었다. 기생의 사치와 관련하여 "감람빛 넓은
허리띠를 차고 채색 끈에 금방울을 달고 비단으로 만든 향주머니를 차
고 다녔다(『고려도경』)"고 하는데, 이러한 사치는 당시의 공경대부 처
에 해당하는 것이었다. 시대를 초월해 기생이 부리는 사치는 파격적이
었으며 그것이 기생을 기생답게 꾸미는 전제였다.

　기생은 '말하는 꽃'으로서 타인을 위해 기예(技藝)를 구사해야 했다.
기예를 습득하는 과정은 혹독했지만 이를 통과해야 온전한 기생이 될
수 있었다. 가무악(歌舞樂)의 구사 능력에 따라 그들의 대우가 달라졌

기에 기생이 된 이후에도 수련을 멈추지 않았다. 특히 명기(名妓)가 되려면 가무악은 물론 분별품류(分別品流)와 형척인물(衡尺人物)의 소양을 바탕으로 하는 '회해언담(詼諧言談, 해학과 말주변)'의 능력을 갖추어야 했다. 기생들이 시서화(詩書畵)에 대한 소양을 꾸준히 쌓으려 했던 것도 이런 이유와 밀접하다. 흔히 기예와 회해언담을 갖춘 기생은 그렇지 못한 기생과 동석(同席)조차 하지 않을 정도로 기생으로서 자부심이 대단했다. 원래 기생은 가곡, 가사, 서예, 정재무 이외에는 구사하지 않는 일패 기생과 은근히 몸을 팔고 첩 노릇을 하는 이패 기생, 매춘을 목적으로 하는 삼패 기생으로 구분했는데, 삼패는 탑앙모리라하여 접객할 때 잡가만을 부를 수 있었다(『조선해어화사』). 일패 기생에게 삼패가 구사하는 잡가나 창극조 같은 류(類)는 절대 금물이었는데 이것을 기생의 조(操)라고 칭했다(『조선창극사』).

하지만 명기를 향한 기생들의 바람은 '창기 단속령(1908년)'에서 출발한 '조합' 혹은 '권번' 시스템의 등장과 함께 사라졌다. 기예가 있든 없든 상관없이 기생들은 '권번'에 적을 두지 않으면 활동할 수 없게 되

었다. 일패 기생이라 하더라도 권번에 가입하여 삼패의 창기(娼妓)로 대하는 불편한 시선을 감내해야 했다. 기예와 언담(諺談言談)을 갖춘 일패와 매춘을 목적으로 하는 삼패의 경계가 무너져 모든 기생이 창기 취급을 받아야 했던 것이다. 권번 시스템에서 기생의 조(操)를 지키는 일은 생활고를 가중시키는 거추장스러운 것이었다.

명기가 각광을 받던 시대가 끝났다. 하지만 그러한 상황에서도 명기 의 의미를 재해석하여 끊임없이 노력하던 기생들이 있었다. 잔치나 술 자리의 성격과 분위기를 파악하는 분별품류와 손님의 성향 등을 간파 하는 형척인물이 명기의 기본 요건인데, 이것을 자신이 처한 시대에 맞게 재해석했던 용동권번 출신의 기생들이 그들이다. 영화계의 복혜 숙과 류신방, 가요계의 장일타홍과 이화중선, 화대(花代)를 모아 인근 의 궁핍한 사람들에게 나누어 준 김영애 등이 이에 해당한다. 어찌 보 면 분별품류는 시대를 읽어 내는 잣대였고 형척인물은 자신을 이해하 는 방편이었기에 그를 통해 최적의 행보를 했고, 그것이 평가를 받을 수 있었던 것이다.

한편, 1902년 12월 일본인 창기 106명과 조선인 창기 32명으로 부도유곽이 영업을 시작했다. 흩어져 있던 '특별요리점'을 관리하기 쉽도록 특정 공간에 모아 놓은 것이었다. 세금을 부과하거나 화류병을 관리하려면 특별요리점이라는 매매춘 장소를 한곳에 모아 두어야 했는데, 이것이 인천 화류계의 불온한 시작이었다. 유곽의 경기를 알려 주는 수입액과 입객 수(入客數)가 신문 기사에 자주 등장할 정도로 인천 유곽은 호황을 맞았다. 1935년에는 인천부 전체 인구(82,997명)의 절반에 해당하는 수치가 부도유곽의 입객 수로 나타나기도 했다. 일어판 신문 《조선신문》에서 〈부도유곽의 양고(揚高)〉라는 제목 아래 유곽 출입자 수를 '등루자(登樓者) ○명'으로 주기적으로 밝히고 있는 것을 보더라도 유곽에서 징수한 세금은 인천부의 커다란 수입원이었다. 이어 음식점으로 허가를 받은 카페와 바(bar)가 등장했다. 이른바 음식이 없는 변종 음식점에서 카페걸이 외국 음악을 틀어 놓고 양주를 마시며 야유랑들을 홀리고 있었다. 권번 기생을 부를 때의 번거로움이나 유곽을 드나들 때의 주변 시선을 의식할 필요 없이, 카페와 바가 주택가 주변까지 들어섰기에 음산한 전등 아래에서 누구건 쉽게 카페걸에게 음담(淫談)을 던질 수 있었다.

태평양전쟁에서 일제가 패망하자 미군이 인천에 들어왔다. 미군정은 일제가 조성했던 부도유곽과 카페와 바를 그대로 물려받은 데 머물지 않았다. 미군이 주둔하는 곳마다 기형적 밀매음이 성행했다. 미군정은 법령을 통해 '공창제 폐지'를 운운하며 매매춘을 단속하면서 동시에 그것을 방조하는 이중 정책을 취했다. 주둔군에게 화류병과 무관한 안전한 성을 매개한 경우에는 단속 대상에서 예외일 수 있었다. 휴전 이후, 선화동의 부도유곽은 유엔군 위안소, 또는 '미친 거리'로 불렸다. 특히 부평 기지촌은 미군정 초기 신촌(新村)의 규모를 넘어 영역을 주변부로 확장해 갔다. 1952년부터 이른바 '애스콤'을 중심으로 대규모의 기지촌이 형성되었다.

군사독재 및 산업화 시기, 군사정권이 제시한 '윤락행위 등 방지법'은 전국 104곳의 '특정 지역'에 한하여 매매춘을 권장한다는 지침이었다. 인천 숭의동의 엘로우하우스와 학익동의 끽동은 이런 상황에서 출

발하였다. 특히 군사정권은 외국인을 상대하는 성매매 여성을 '달러를 벌어들이는 애국자'라는 수사를 동원해 가며 격려했기에, 미군을 상대하던 부평 기지촌과 외항선원을 상대하던 옐로우하우스는 호황을 맞았다. 군사독재 및 산업화 시기를 계기로 옐로우하우스가 인천과 관련된 불온한 인상으로 자리를 잡았다.

산업화 시기 이후, '성매매 방지법'이 제정되자 한국의 모든 성매매 집결지들은 타격을 받았다. 그것의 기본 골자가 2007년까지 영업장소를 폐쇄한다는 데 있었기에 옐로우하우스와 끽동은 다른 모색을 해야 했다. 성매매 여성들을 대상으로 시범적으로 자활 지원 사업을 실시하기도 했지만 그것은 해결책이 될 수 없었다. 끝내 성매매 여성들은 영업을 포기하지 못했다. 그런 와중에 끽동이 2007년 6월 도로와 아파트 부지로 편입되어 사라졌다. 옐로우하우스의 경우, 도시환경 정비구역으로 지정해 2011년까지 재개발할 계획을 세웠지만 기한이 지난 채 16개 업소가 지금도 영업을 하고 있다.

　인천 화류계를 일별하면서, 느낀 점을 부제로 달았다. '기예(技藝)는 간데없고 욕정(欲情)의 흔적만이'는 용동권번 출신 기생의 관련 자료가 좀 더 있었으면 하는 마음과, 다른 한편으로 부도유곽에서 출발한 욕정의 흔적이 지나치게 또렷이 남아 있다는 생각이 들어 붙여 본 것이다. 가혹한 수련을 통해 구사하는 기생의 기예는 창기의 욕정이 응축된 추파와 질적으로 다를 수밖에 없다. 어찌 보면 '명기의 기예는 간데없고 창기의 욕정의 흔적만 남았네그려'라고 해도 무방할 터이다. 명기의 기예가 사라진 상황에서 창기의 욕정은 창기 개인의 문제가 아니라는 점이 인천 화류계를 일별하면서 얻은 결론이다. 창기의 욕정으로 표현된 수사(修辭) 뒤에는 정조를 미덕으로 삼았던 분위기에서도 그것을 헌신짝처럼 내던질 수밖에 없었던 꽃순이의 좌절된 '별빛 꿈'이 웅크리고 있었다.

　그나마, 명기들이 갖추었던 분별품류와 형적인물을 자신의 처지에 맞게 재해석하고 그것을 행동으로 옮겼던 용동권번 출신 기생들을 만날 수 있었기에 책을 즐겁게 마무리할 수 있었다.